Gute Gedanken
für alle Tage

Gute Gedanken für alle Tage

Herausgegeben
von
Evelyne Polt-Heinzl

Philipp Reclam jun.
Stuttgart

Umschlaggestaltung: Stefan Schmid, Stuttgart
Satz: Reclam, Ditzingen
Druck und buchbinderische Verarbeitung:
Clausen & Bosse, Leck
Printed in Germany 2000
RECLAM ist eine eingetragene Marke
der Philipp Reclam jun. GmbH & Co., Stuttgart
ISBN 3-15-040044-9

Inhalt

IV

Der Charakter

V

Die Geschicke des Lebens

VI

Das gemeinsame Schicksal

VII

Regeln der Geselligkeit

VIII

Was uns zu tun bleibt

IX

Es kann nicht alles ganz richtig sein in der Welt

X

Die Weisheit ersetzt die Schätze

Vorbemerkung

»Aphorismen schreibt entweder jemand, der auf vereinzelte pikante Einfälle sich etwas zu gute tut; und das zeigt von Beschränktheit. Oder jemand, der seine Aussprüche für Orakel hält oder gehalten wissen will; und das zeigt von noch größerer Beschränktheit. Und doch – indem man dies weiß und ausspricht, schreibt man Aphorismen.« – So selbstkritisch umschreibt im Jahr 1836 der österreichische Aphoristiker Ernst von Feuchtersleben das Paradoxon seines Handwerks. Dabei war seine Zeit gerade diesem Handwerk recht günstig. Beginnend mit der Briefkultur des Pietismus und ordentlich angefacht durch den Geist der Goethezeit brachte die erste Hälfte des 19. Jahrhunderts eine Art Hochblüte der Spruchtradition. Säkularisierte Erbauungsliteratur nach dem Muster »Goethe in allen Lebenslagen« und »Weisheit der Alten« scheint aus heutiger Sicht zum Biedermeier-Ambiente zu gehören.

Unbestritten, von dieser Seite droht dem Versuch, zu Beginn des dritten Jahrtausends Sprüche und Aphorismen aus der literaten Geschichte der Menschheit zwischen zwei Buchdeckel zu packen, eine nicht unbedenkliche Gefahr. Aber es wäre ganz einfach schade, das Kind mit dem Bade auszuschütten. Denn was sich überlebt hat, ist nicht die Freude an der Beschäftigung mit pointierten Gedanken- und Sprachspielen, sondern das Pathos der Präsentation, das mit ehrfürchtigem Staunen unantastbare Merksprüche großer Meister zum ultimativen Kanon der Lebenskunst erhebt.

In der vorliegenden Auswahl geht es weder um »das passende Zitat für jede Gelegenheit« noch um eine Ergänzung humanistischer Allgemeinbildung à la »Wie schon Seneca sagte ...«. Vielmehr will die in pikanten Häppchen angerichtete Sammlung einen anregenden und zugleich spielerischen Zugang zum Zitatenschatz großer, überwiegend historischer Schriftsteller und Philosophen vermitteln und damit zum aktiven Umgang anregen. Denn wenn aufeinanderfolgende Zitate mitunter direkt in Dialog treten und dabei gar nicht so selten tüchtig aneinandergeraten, finden wir uns unvermittelt in einer Art Schiedsrichterposition. Daß zwei oder auch mehrere Fixsterne unserer Kulturtradition zum selben Thema völlig gegensätzliche – dabei jede für sich genommen durchaus überzeugende – Weisheiten anbieten, hat nicht nur vordergründig einigen Unterhaltungswert. Es ergibt sich daraus auch ein lebendiger Dialog zwischen den Epochen und Denkrichtungen sowie der implizite Hinweis auf die Relativität aller (Spruch-)Weisheit.

Dazwischengestreut finden sich etwas weniger »tierisch ernste« Sentenzen als eine Art Korrektiv, das die Schwere und Bedeutsamkeit gebündelter Spruchweisheit abfedert und ins Heitere wendet. Das lockert die Gewichtigkeit der Sammlung auf und erinnert daran, daß mit Witz und Ironie nicht selten aus scheinbaren Banalitäten besonders treffende Pointen entstehen. Jeder Aphorismus tendiert zu Verkürzung und Überzeichnung und kann mit gezielt angewendeter Simplizität zu überraschenden Einsichten und Erkenntnissen führen, deren Aha-Erlebnis ganz einfach Spaß macht.

Dennoch ist natürlich nicht ausgeschlossen, daß die eine oder andere der Maximen, je nach Leser und Situation, ein tröstliches Potential entwickeln oder als ein Sentenz gewordener Lebenshelfer gar handlungsanleitend und konfliktlösend wirken kann. Diesem Gebrauch kommt die Anordnung der Sprüche und Sentenzen nach Bereichen und (Konflikt-)Feldern des menschlichen Lebens entgegen.

Eingebaut sind aber auch Momente der Spannung, die sich nur im linearen Lesefluß erschließen. Etwa die Tatsache, daß ein Aphorismus mitunter eine Art Moment-Psychogramm des Verfassers liefert und derselbe Autor in offenbar anderer Gemütsverfassung zu konträren Aussagen neigt. Dennoch ergeben sich beim Querlesen auffällige Häufungen in der Art, mit der sich bestimmte Autoren immer wieder mit Tröstungen, Ermahnungen, fatalistischen Durchhalteparolen oder Aufrufen zur Selbstbescheidung zu Wort melden – wobei sich die Oberflächenaussage bei genauerem Hinsehen auch in ihr Gegenteil verkehren kann. Was die Tröstung über die Endlichkeit des menschlichen Lebens betrifft, scheinen die großen Philosophen der Antike an Glaubwürdigkeit und Findigkeit kaum übertroffen werden zu können, während für die kleinen Sorgen des Alltags etwa Theodor Fontane oder Jean Paul besonders viel Humorvolles anzubieten haben. Aus der Feder einiger Autoren kann auch lustig Gemeintes zuweilen eher düster wirken wie bei Wilhelm Raabe oder Gerhart Hauptmann, für den selbst dem »süßesten« Traum noch »etwas Quälendes« innewohnt. Ohne daraus zu geradlinige Rückschlüsse auf Naturell und Lebensschicksal einzelner Autoren ziehen zu wollen, kann dieser Aspekt doch einen zusätzlichen Reiz bei der Lektüre bieten. Und für einige Überraschung ist dabei gesorgt, denn daß ausgerechnet Friedrich Schiller – lange vor Bert Brecht – in untadelig gebundener Rede fordert, doch endlich mit der Moral aufzuhören und einfach für das leibliche Wohl der Menschen besser zu sorgen, ist nicht unbedingt das, was man erwartet hätte.

Ob man diese Sammlung nun zum linearen Durchlesen in die Hand nimmt oder zum Blättern und Hineinschmökern – den Leser erwarten je eigene Qualitäten, denen auch die Fähigkeit zur Erneuerung innewohnt. Jeder neue, immer stimmungs- und situationsabhängige Leseakt kann dem Gehalt der einzelnen Sentenzen neue Gesichtszüge verleihen. In diesem Sinne kann der Band auch ein Lebensbegleiter sein, dessen inhaltliches Potential sich über die Jahre hinweg nicht erschöpft.

Jeden Tag seines Lebens eine feine kleine Bemerkung einfangen – wäre schon genug für ein Leben.

Christian Morgenstern

I
Das Leben

Die Kunst der Lebensführung

Die Lebenskunst hat mit der Fechtkunst mehr Ähnlichkeit als mit der Tanzkunst, insofern man auch auf unvorhergesehene Streiche gerüstet sein und unerschütterlich fest stehen muß.
Marc Aurel

Man muß sich selbst erkennen. Wenn das nicht helfen sollte, das Wahre zu finden, so hilft es wenigstens dabei, sein Leben einzurichten, und es gibt nichts Richtigeres.
Blaise Pascal

Je mehr Pferde Du anspannst desto rascher gehts – nämlich nicht das Ausreißen des Blockes aus dem Fundament, was unmöglich ist, aber das Zerreißen der Riemen und damit die leere fröhliche Fahrt.
Franz Kafka

Lehrjahre im vorzüglichen Sinn sind die Lehrjahre der Kunst zu leben. Durch planmäßig geordnete Versuche lernt man ihre Grundsätze kennen und erhält die Fertigkeit nach ihnen beliebig zu verfahren.
Novalis

Es ist nicht genug, sich als Gegenstand zu betrachten; man muß sich auch so behandeln.

Ernst von Feuchtersleben

Fehler der Biographen. – Die kleine Kraft, welche not tut, einen Kahn in den Strom hineinzustoßen, soll nicht mit der Kraft dieses Stromes, der ihn fürderhin trägt, verwechselt werden: aber es geschieht fast in allen Biographien.

Friedrich Nietzsche

Fasse die Dinge nicht so auf, wie sie dein Beleidiger auffaßt oder von dir aufgefaßt haben will; sieh dieselben vielmehr so an, wie sie in Wahrheit sind.

Marc Aurel

An seinen Idealen *zugrundegehen* können, heißt *lebensfähig* sein!

Peter Altenberg

Jeder möge sein eigener Geschichtsschreiber sein, dann wird er sorgfältiger und anspruchsvoller leben.

Bert Brecht

Leb in der Gegenwart! Zu leer ist und zu weit
Der Zukunft Haus, zu groß das der Vergangenheit.

Friedrich Rückert

Nicht hastig leben. Die Sachen zu verteilen wissen heißt sie zu genießen verstehn. Viele sind mit ihrem Glück früher als mit ihrem Leben zu Ende: sie verderben sich die Genüsse, ohne ihrer froh zu werden; und nachher möchten sie umkehren, wenn sie ihres weiten Vorsprungs innewerden. Sie sind Postillione des Lebens, die zu dem allgemeinen raschen Lauf der Zeit noch das ihnen eigene Stürzen hinzufügen. Sie möchten in einem Tage verschlingen, was sie kaum im ganzen Leben verdauen könnten. Vor den Freuden des Lebens sind sie immer voraus, verzehren schon die kommenden Jahre, und da sie so eilig sind, werden sie schnell mit allem fertig. Man soll sogar im Durst nach Wissen ein Maß beobachten, damit man nicht die Dinge lerne, welche es besser wäre nicht zu wissen. Wir haben mehr Tage als Freuden zu erleben. Man sei langsam im Genießen, schnell im Wirken: denn die Geschäfte sieht man gern, die Genüsse ungern beendigt.

Balthasar Gracián

Nutze jede Stunde; wenn Du das Heute wahrnimmst, wirst Du weniger vom Morgen abhängen; indem man das Leben aufschiebt, eilt es von dannen.

Seneca an Lucilius

Wir sollen nicht nur leben, als ob wir morgen sterben, sondern auch, als ob wir noch hundert Jahre leben könnten.

Marie von Ebner-Eschenbach

Wer am wenigsten des Morgen bedarf, der geht am heitersten dem Morgen entgegen.

Epikur

Daß unsere Aufgabe genau so groß ist wie unser Leben, gibt ihr einen Schein von Unendlichkeit.

Franz Kafka

Man sollte leben, als ob man stets am Vorabend der großen Entscheidung stünde.

Maurice Maeterlinck

Erlaube nie deinen Wünschen, und seien sie noch so klein, daß sie dein Herz beunruhigen! Denn wenn erst kleine Wünsche den Boden für eine Unordnung gelokkert haben, so kommen bald größere und große hinterdrein.

Franz von Sales

Hunger zurücklassen: selbst den Nektarbecher muß man den Lippen entreißen. Das Begehren ist das Maß der Wertschätzung. Sogar bei dem leiblichen Durst ist es eine Feinheit, ihn zu beschwichtigen, aber nicht ganz zu löschen. Das Gute, wenn wenig, ist doppelt gut. Das zweite Mal führt ein beträchtliches Sinken herbei.

Balthasar Gracián

Nichts kann mehr zu einer Seelen-Ruhe beitragen, als wenn man gar keine Meinung hat.

Georg Christoph Lichtenberg

Wie groß unsre Fähigkeit, uns zu behaupten, sein mag, unsere Fähigkeit, zugrunde zu gehen, ist immer noch größer.

Ferdinand Kürnberger

Nötig zum Leben ist nur, auf Selbstgenuß zu verzichten; einziehn in das Haus, statt es zu bewundern und zu bekränzen.

Franz Kafka an Max Brod

Sein eigenes Leben nicht ernster nehmen als ein Stück von Shakespeare! Aber auch nicht minder ernst!

Peter Altenberg

Gestalte Dir das Leben angenehm, indem Du alle Sorge darum aufgibst.

Seneca an Lucilius

»Wirf weg, damit du nicht verlierst!« ist die beste Lebensregel.

Friedrich Hebbel

Mein Lebensleitmotiv:

»Nie über einen Graben springen, eine Hürde, wenn man *nicht* ganz *gesichert* ist, hinüberzugelangen mit *leichter* Anmut!«

Peter Altenberg

Zufrieden sein ist große Kunst,
Zufrieden scheinen bloßer Dunst,
Zufrieden werden großes Glück,
Zufrieden bleiben Meisterstück.

Deutsches Sprichwort

Nicht unzeitig sehen wollen. – Solange man etwas erlebt, muß man dem Erlebnis sich hingeben und die Augen schließen, also nicht *darin* schon den Beobachter machen. Das nämlich würde die gute Verdauung des Erlebnisses stören: anstatt einer Weisheit trüge man eine Indigestion davon.

Friedrich Nietzsche

Gar mancher Schwierigkeit entweicht
Man durch das hübsche Wort »vielleicht«.

Wilhelm Busch

Denn wer lange bedenkt, der wählt nicht immer das Beste.

Johann Wolfgang Goethe

Das ist ein schlechter Lenker eines Schiffes, dem die Wellen das Steuerruder entreißen, der die flatternden Segel preisgibt und das Fahrzeug zum Spielball des Sturmes werden läßt; dagegen lobt man den, der sich selbst beim Schiffbruch noch wehrt und, die Hand am Steuerruder, in den Wogen umkommt.

Seneca

Die Sicherheit

Nur das feurige Roß, das mutige, stürzt auf der Rennbahn,
Mit bedächtigem Paß schreitet der Esel daher.

Friedrich Schiller

Wenn die Gefahr am größten ist. – Man bricht das Bein selten, solange man im Leben mühsam aufwärts steigt – aber wenn man anfängt, es sich leicht zu machen und die bequemen Wege zu wählen. *Friedrich Nietzsche*

Schüttle alles ab, was dich in deiner Entwicklung hemmt, und wenn's auch ein Mensch wäre, der dich liebt, denn was dich vernichtet, kann keinen anderen fördern. *Friedrich Hebbel*

Erinnerungsfälschung, das ist die ohnmächtige Rache, die unser Gedächtnis an der Unwiderruflichkeit alles Geschehens nimmt. *Arthur Schnitzler*

Lied

aus dem Spanischen

Gestern liebt' ich
Heute leid' ich,
Morgen sterb' ich:

Dennoch denk' ich
Heut und morgen
Gern an gestern.

Gotthold Ephraim Lessing

Die Kunst der Lebensführung besteht bekanntlich darin, mit gerade so viel Dampf zu fahren, wie gerade da ist.

Theodor Fontane an Karl Zöllner

Geh immer den kürzesten Weg

Die Geheimnisse der Lebenspfade darf und kann man nicht offenbaren; es gibt Steine des Anstoßes, über die ein jeder Wanderer stolpern muß. Der Poet aber deutet auf die Stelle hin.

Johann Wolfgang Goethe

Der wahre Weg geht über ein Seil, das nicht in der Höhe gespannt ist, sondern knapp über dem Boden. Es scheint mehr bestimmt stolpern zu machen, als begangen zu werden.

Franz Kafka

Der Mensch weiß nicht, welchen Platz er einnehmen soll, er hat sich offensichtlich verirrt und ist von seinem wahren Ort herabgesunken, ohne ihn wiederfinden zu können. Ruhelos und ohne Erfolg sucht er ihn überall in einer unergründlichen Finsternis. *Blaise Pascal*

»Ein jeder muß eben halt doch *seinen* Weg gehen«, ist ein kompletter, frecher Blödsinn! Wie wenn man sagte: »Ein jeder Hund *muß* halt ins Zimmer pissen!«

Peter Altenberg

Der von der Heerstraße nicht weggekommen ist, sollte sich nichts darauf zugute tun, daß er sich nie verirrt hat.

Marie von Ebner-Eschenbach

Wer mit Ungeheuern kämpft, mag zusehn, daß er nicht dabei zum Ungeheuer wird. Und wenn du lange in einen Abgrund blickst, blickt der Abgrund auch in dich hinein. *Friedrich Nietzsche*

An der Küste ist die Brandung am stärksten, so eng ist ihr Gebiet und so unüberwindlich. *Franz Kafka*

Will dir in des Lebens Wirren
Mancher lichte Wandelstern
Trügend vor den Augen flirren,
Glaube, winzig ist der Kern.

Ferdinand Sauter

Der Natur des Menschen entspricht es nicht, immer in eine Richtung zu gehen; sie hat ihr Kommen und Gehen.

Blaise Pascal

Alle gehen unbewußt aber sicher einem Ziele zu ... Wir wähnen unser Ziel selbst zu finden, durch den Verstand, während es nur gemeinsam zu erreichen ist, mit allen anderen Wesen zusammen. Wir sollten erst so sein wie die Eidechse oder wie die schlaflose Cypresse, dann werden wir auch die Geheimnisse, die in der Welt sind, erkennen. Unser Ziel ist zugleich der Weg zum Ziele, während wir es darüber hinaus suchen und an ihm achtlos vorübergehen.

Elisabeth von Österreich

Alles in der Welt geht in der Wellenlinie. Jede Landstraße und so weiter. Wehe dem, der überall das Lineal anlegt!

Wilhelm Raabe

Erklimme das Gebirge oder steige ins Tal hinab, gehe bis ans Ende der Welt oder um dein Haus herum: du triffst immer nur dich auf den Straßen des Zufalls.

Maurice Maeterlinck

Wenn man auf seinen Lebensweg zurücksieht, den »labyrinthisch irren Lauf« desselben überschaut und nun so manches verfehlte Glück, so manches herbeigezogene

Unglück sehen muß; so kann man in Vorwürfen gegen sich selbst leicht zu weit gehn. Denn unser Lebenslauf ist keineswegs schlechthin unser eigenes Werk; sondern das Produkt zweier Faktoren, nämlich der Reihe der Begebenheiten und der Reihe unserer Entschlüsse, welche stets in einander greifen und sich gegenseitig modifizieren.

Arthur Schopenhauer

Der kleinste Hügel vermag uns die Aussicht auf einen Chimborasso zu verdecken.

Marie von Ebner-Eschenbach

Man *kann* nicht bergauf kommen, ohne bergan zu gehen. Und obwohl Steigen beschwerlich ist; so kommt man doch dem Gipfel immer näher, und mit jedem Schritt wird die Aussicht umher freier und schöner! Und oben ist *Oben*.

Matthias Claudius

Unsere Natur besteht in der Bewegung, die vollständige Ruhe ist der Tod.

Blaise Pascal

Ein jeder Schritt, den wir zu dieser Stunde nach einem unbestimmten Ziele machen, ist für uns belangreicher, als die tausend Meilen, die wir dereinst zu einem glänzenden, aber verjährten Siege machten.

Maurice Maeterlinck

Der auf halbem Weg umkehrt, irrt nur um die Hälfte.

Deutsches Sprichwort

Ende und Ziel. – Nicht jedes Ende ist das Ziel. Das Ende der Melodie ist nicht deren Ziel; aber trotzdem: hat die Melodie ihr Ende nicht erreicht, so hat sie auch ihr Ziel nicht erreicht. Ein Gleichnis. *Friedrich Nietzsche*

Wer den goldenen Weg der Mitte
wählt, in Sicherheit meidet er der verfallenen
Hütte Schmutz, meidet die neidweckende
Halle unbeirrt.

Horaz

Wir meinen alle, Eldorado läge nur eine Nasenlänge vor uns und es liege nur an uns, es zu erreichen.

Wilhelm Raabe

Wer auf den rechten Weg will,
Muß durchaus durch sich selbst hindurch.

Wilhelm Busch

Es gibt ein Ziel, aber keinen Weg; was wir Weg nennen, ist Zögern. *Franz Kafka*

Wer ein Ziel will, darf den Weg nicht scheuen, er sei glatt oder rauh.

Theodor Fontane an seine Mutter Emilie

Ziel und Wege. – Viele sind hartnäckig in bezug auf den einmal eingeschlagenen Weg, wenige in bezug auf das Ziel.

Friedrich Nietzsche

Man kann das Leben nicht wiederholen wie einen Zug beim Brettspiel.

Antiphon

Der ans Ziel getragen wurde, darf nicht glauben, es erreicht zu haben.

Marie von Ebner-Eschenbach

Die Absichten vergessen. – Man vergißt über der Reise gemeinhin deren Ziel. Fast jeder Beruf wird als Mittel zu einem Zwecke gewählt und begonnen, aber als letzter Zweck fortgeführt. Das Vergessen der Absichten ist die häufigste Dummheit, die gemacht wird.

Friedrich Nietzsche

Der Grund aller Verkehrtheit in Gesinnungen und Meinungen ist – Verwechslung des Zwecks mit dem Mittel.

Novalis

Wieviel geht nicht vielen auf so langem Weg verloren: Gesundheit, Kräfte, selbst Neigung und Fähigkeit, Einfaches zu genießen, dessen Duft am leichtesten verflüchtigt, eben weil er der feinste ist. *Alexander von Villers*

Das Unglück macht den längsten Weg mit einem Schritt.

Friedrich Hebbel

Leben ohne Feste ist wie ein langer Weg ohne Rasthäuser. *Demokrit*

Ich bin immer, auch im Leben, für Ruhepunkte; Parks ohne Bänke können mir gestohlen werden.

Theodor Fontane

Die Bank am Wege erfreut als Zeichen des Kosmopolitismus. *Jean Paul*

Was hilft laufen, wenn man nicht auf dem rechten Weg ist? *Deutsches Sprichwort*

Mit wem das Pferd nie durchgeht, der reitet einen hölzernen Gaul. *Friedrich Hebbel*

Man muß versuchen, den nächsten Tag immer besser zu machen als den vorangehenden, solange wir auf dem Wege sind; sind wir aber an die Grenze gekommen, dann in gleichmäßiger Freude zu sein. *Epikur*

Geh immer den kürzesten Weg. Der kürzeste Weg ist der naturgemäße, das heißt in allen Reden und Handlungen der gesunden Vernunft folgen. Ein solcher Entschluß befreit dich von tausend Kümmernissen und Kämpfen, von jeder Verstellung und Eitelkeit.

Marc Aurel

Der kleine Alltag

Ein Mann kann in die Schlacht ziehen, wo voraussichtlich Tausende fallen müssen, und sich doch vorher ein Heftpflaster auf die Schnittwunde legen, die er sich beim Rasieren beigebracht. *Friedrich Hebbel*

Mitunter sitzt die ganze (größte) Seele
In eines Zahnes dunkler (kleiner) Höhle.

Wilhelm Busch

Ist es denn nicht entsetzlich, daß kalte Füße die Phantasie kalt machen können und ein Paar wollene Fußsocken mir gute Gedanken zubringen! *Franz Grillparzer*

Träume bringen doch jede Nacht etwas Neues in das täglich mehr sich wiederkäuende Leben. *Jean Paul*

Mit Blitzen kann man die Welt erleuchten, aber keinen Ofen heizen. *Friedrich Hebbel*

Die Hoffnung, so trügerisch sie ist, dient wenigstens dazu, uns auf angenehmem Wege zum Ende unseres Lebens zu führen. *La Rochefoucauld*

Der Gedanke an den Selbstmord ist ein starkes Trostmittel: mit ihm kommt man gut über manche böse Nacht hinweg. *Friedrich Nietzsche*

Es ist ganz merkwürdig, wie stark die Menschen im Verfehlen des Richtigsten und Nächstliegenden sind.

Egon Friedell

Es ist so leicht, sich behaglichen Genuß zu verschaffen, daß man nur staunen muß, wie selten er zu finden.

Alexander von Villers

Die Länge des Tages. – Wenn man viel hineinzustecken hat, so hat ein Tag hundert Taschen. *Friedrich Nietzsche*

Die meisten Menschen bringen so das ganze Leben hin, daß sie sich von Pfingsten nach Weihnachten und von Weihnachten wieder nach Pfingsten sehnen.

Theodor Fontane

Langeweile

Die Langeweile ist das stillste, aber vielleicht das am meisten die Führung prüfende Fahrwasser des Lebens. Denn hier kommt es wirklich heraus, was an einem ist und was nicht, wenn die Kügelchen der Viertelstunden klingend in eine weite, leere Schale fallen.

Heimito von Doderer

Oft rühmen wir uns, keine Langeweile zu haben, und sind so eitel, daß wir uns nicht mit uns selbst in schlechter Gesellschaft finden wollen. *La Rochefoucauld*

Sei dankbar für das, was du hast; warte auf das übrige und sei froh, daß du noch nicht alles hast; es ist auch ein Vergnügen, noch auf etwas zu hoffen. *Seneca*

Eine liebevolle Aufmerksamkeit auf das, was der Mensch besitzt, macht ihn reich, indem er sich einen Schatz der Erinnerung an gleichgültigen Dingen dadurch anhäuft.

Johann Wolfgang Goethe

Güter

Daß man ohne Sorgen lebe,
sorgt man stets um Gut und Geld,
daß doch den, der es ersorget,
immerdar in Sorgen hält.

Friedrich von Logau

Die Gesundheit ist ein kostbares Gut; nur sie ist es eigentlich wert, daß man dafür seine Zeit, seinen Schweiß, seine Arbeit und sein Geld, ja sogar sein Leben einsetzte; ist doch ohne sie das Leben für uns eine Last; ohne sie verliert alles seinen Glanz und seine Kraft: Genüsse, Lebenserfahrung, Wissenschaft und Tugend.

Michel de Montaigne

Die kleinen Unfälle, die uns stündlich vexieren, kann man betrachten als bestimmt, uns in Übung zu erhalten, damit die Kraft, die großen zu ertragen, im Glück nicht ganz erschlaffe.

Arthur Schopenhauer

Wozu über einzelnes klagen? Das ganze Leben ist beklagenswert. Neues Unheil bedrängt uns, noch ehe wir mit dem alten recht fertig geworden sind.

Seneca

Die Menschen quälen sich ein Lebelang, um im letzten Augenblick oder wenn der Tod sie auch nur streift, die Nichtigkeit all des von ihnen Erstrebten zu empfinden. Hier liegt eine ergaunerte Million neben mir und ein Schluck kaltes Wasser ist mir vielleicht unendlich viel mehr. Nichts hat Bedeutung und auch wieder alles; Großes, Kleines, sehr vage Begriffe.

Theodor Fontane an Georg Friedlaender

Die Gewohnheit hat die Kraft, unser Leben zu formen, und zwar nach ihrem Gutdünken; ihr Einfluß ist grenzenlos; es ist der Zaubertrank der Circe, der unsere Natur in jeder Richtung umzugestalten vermag.

Michel de Montaigne

... in der Gewohnheit ruht das einzige Behagen des Menschen; selbst das Unangenehme, woran wir uns gewöhnten, vermissen wir ungern.

Johann Wolfgang Goethe

In Gefahr. – Man ist am meisten in Gefahr, überfahren zu werden, wenn man eben einem Wagen ausgewichen ist.

Friedrich Nietzsche

Das Beste vom Leben

So selten kommt der Augenblick im Leben,
Der wahrhaft wichtig ist und groß ...

Friedrich Schiller

Enthusiasmus ist das schönste Wort der Erde.

Christian Morgenstern

Die Welt ist reizend, viel zu lieben drin.
Sich damit begnügen, ihr innerster Sinn.

Rahel Varnhagen

Vom Stundenzeiger des Lebens. – Das Leben besteht aus seltenen einzelnen Momenten von höchster Bedeutsamkeit und unzählig vielen Intervallen, in denen uns bestenfalls die Schattenbilder jener Momente umschweben. Die Liebe, der Frühling, jede schöne Melodie, das Gebirge, der Mond, das Meer – alles redet nur einmal ganz zum Herzen: wenn es überhaupt je ganz zu Worte kommt. Denn viele Menschen haben jene Momente gar nicht und sind selber Intervalle und Pausen in der Symphonie des wirklichen Lebens. *Friedrich Nietzsche*

Die interessantesten Zeiten des Menschendaseins sind nicht die, in welchen man sich der Illusion hingibt, sein Leben selbst führen zu können, nach rechts oder links abzuweichen, zu beharren oder aufzugeben, sondern die, in denen man den Flügelschlag des Schicksals deutlich über seinem Kopfe rauschen hört. Und trotz aller möglichen Unruhe und Aufregung sind die letztern auch, so paradox es klingen mag, die normalen.

Wilhelm Raabe

Es gibt große Stunden im Leben. Wir schauen an ihnen hinauf, wie an den kolossalischen Gestalten der Zukunft und des Altertums, wir kämpfen einen herrlichen Kampf mit ihnen, und bestehn wir vor ihnen, so werden sie, wie Schwestern, und verlassen uns nicht. *Friedrich Hölderlin*

Wenn einer das rechte Maß überschreitet, kann ihm das Erfreulichste zum Unerfreulichsten werden. *Demokrit*

Das Leben ist eine fortwährende Ablenkung, die nicht einmal zur Besinnung darüber kommen läßt, wovon sie ablenkt. *Franz Kafka*

Man sollte nicht Zeitvertreib sondern Zeitgenuß sagen.

Jean Paul

Entwicklung ist der Zweck des Lebens, das *Leben selbst* ist Entwicklung, also ist das Leben selbst *Zweck*.

Georg Büchner

Es gibt drei Dinge, welche uns in die Lage bringen, über uns selbst hinaus wachsen zu können: die Einsamkeit, die großen Bücher, das heißt der gedruckte Geist, die gedruckten Herzen großer Menschen; und die Natur.

Peter Altenberg

Die Herrlichkeit der Welt ist immer adäquat der Herrlichkeit des Geistes, der sie betrachtet – Der Gute findet hier sein Paradies – der Schlechte genießt schon hier seine Hölle –

Heinrich Heine

Bescheidenheit des Menschen. – Wie wenig Lust genügt den meisten, um das Leben gut zu finden, wie bescheiden ist der Mensch!

Friedrich Nietzsche

Das Beste der Welt

Weißt du, was in dieser Welt
mir am meisten wohlgefällt?
Daß die Zeit sich selbst verzehret
und die Welt nicht ewig währet.

Friedrich von Logau

Das Beste vom Leben ist, daß man niemand zwingen kann zu leben.

Johann Gottfried Seume

II

Die Lebensalter

Leben ist der Anfang

Das Leben mit seinen verschiedenen Epochen ist eine Schatzkammer. Wir werden reich in *jedem* Gewölbe beschenkt; *wie* reich, das erkennen wir erst bei dem Eintritt in das *nächste* Gewölbe.

Friedrich Hebbel

Der Anfang ist immer das Entscheidende; hat man's darin gut getroffen, so muß der Rest mit einer Art von innerer Notwendigkeit gelingen, wie ein richtig behandeltes Tannenreis von selbst zu einer graden und untadeligen Tanne aufwächst.

Theodor Fontane

Zwei Aufgaben des Lebensanfangs: Deinen Kreis immer mehr einschränken und immer wieder nachprüfen, ob du dich nicht irgendwo außerhalb deines Kreises versteckt hältst.

Franz Kafka

Das Leben bedeutet eine fast lückenlose Reihe persönlicher Entdeckungen.

Gerhart Hauptmann

Menschliches Wirken

An dem Eingang der Bahn liegt die Unendlichkeit offen,
Doch mit dem engesten Kreis höret der Weiseste auf.

Friedrich Schiller

Fragment

Die Linien des Lebens sind verschieden,
Wie Wege sind und wie der Berge Grenzen,
Was hier wir sind, kann dort ein Gott ergänzen
Mit Harmonien und ewigem Lohn und Frieden.

Friedrich Hölderlin

Der ist der glücklichste Mensch, der das Ende seines Lebens mit dem Anfang in Verbindung setzen kann.

Johann Wolfgang Goethe

Es giebt keine Klassen im Leben für Anfänger, es ist immer gleich das Schwierigste, was von einem verlangt wird.

Rainer Maria Rilke

Du bist die Aufgabe. Kein Schüler weit und breit.

Franz Kafka

Wir treten stets als Schüler in die verschiedenen Lebensalter ein, und oft fehlt es uns an Erfahrung trotz der Jahre.

La Rochefoucauld

Wie kann das Leben gut sein, da man wie in einem unsichern Schiffe vor den schönsten Ufern vorbeifliegt, und nur in Eil und durch Geschicklichkeit sich Blumen und Schätze erreißt, an dürren Klippen aber wider Willen festgebannt wird, oder zerschmettert! *Rahel Varnhagen*

Unser Lebensweg steht auf beiden Seiten so voll Bäumchen und Ruhebänke, daß ich mich wundere, wenn einer müde wird. *Jean Paul*

Wer diese drei Unbegreiflichkeiten jemals völlig begreifen könnte: Daß er existiert, daß er gerade er selber ist und daß er einmal nicht war und einmal nicht sein wird.

Arthur Schnitzler

Traum

Es ist der Traum die Uhr des Lebens, nur hier können wir ablesen wieviel's schlagen wird.

Heimito von Doderer

Gedächtnisbuch

Des Menschen Dasein, alt wie jung,
Lebt zwischen Hoffnung und Erinnerung.
Jung, sieht dem Wunsch er alle Pfade offen,
Und alt, erinnert er sich eben an sein Hoffen.

Franz Grillparzer

Das größte Lebenshindernis ist die Erwartung: Abhängig vom Morgen, verliert sie das Heute. Über das, was in der Hand des Schicksals liegt, verfügst du, doch das, was in deiner Hand liegt, läßt du dir entgehen. Wonach hältst du Ausschau? Wonach streckst du dich? Alles Künftige ist ungewiß: Lebe jetzt gleich.

Seneca

Erwartung und Erfüllung

In den Ozean schifft mit tausend Masten der Jüngling,
Still, auf gerettetem Boot, treibt in den Hafen der Greis.

Friedrich Schiller

Leben ist der Anfang des Todes. Das Leben ist um des Todes willen.

Novalis

Kindheit und Jugend

Der Mensch ist das einzige Geschöpf, das erzogen werden muß.

Immanuel Kant

Wer sich seiner eigenen Kindheit nicht mehr deutlich erinnert, ist ein schlechter Erzieher.

Marie von Ebner-Eschenbach

Wer von Grund aus Lehrer ist, nimmt alle Dinge nur in bezug auf seine Schüler ernst, – sogar sich selbst.

Friedrich Nietzsche

Der größte Fehler, den man bei der Erziehung zu begehen pflegt, ist dieser, daß man die Jugend nicht zum eigenen Nachdenken gewöhnet ...

Gotthold Ephraim Lessing

Was man den Kindern tut
Ist doppelt gut;
Da im Erfolg, den Jeder sieht,
Man ihre Eltern miterzieht.

Franz Grillparzer

Vielleicht ist kein einziger Mensch es *wert*, ein Kind zu haben.

Elias Canetti

Kinder aufzuziehen ist eine zweischneidige Angelegenheit: Gelang es, so war es um den Preis ungeheurer Anstrengung und Sorge; mißlang es, so ist der Schmerz darüber keinem anderen vergleichbar.

Demokrit

Wo Kinder sind, da ist ein goldnes Zeitalter.

Novalis

Die Erziehung als Verschwörung der Großen. Wir ziehen die frei Umhertobenden unter Vorspiegelungen, an die wir auch aber nicht in dem vorgegebenen Sinne, glauben in unser enges Haus.

Franz Kafka

Gute Erziehung – ein zweischneidiges Schwert. Mancher wird nie ein wirklicher Mensch, ein Mensch von *Umfang*, infolge seiner guten Erziehung.

Christian Morgenstern

Welches Kind hätte nicht Grund, über seine Eltern zu weinen?

Friedrich Nietzsche

Das Paradies liegt zu Füßen der Mütter.

Muhammad

Eltern verzeihen ihren Kindern die Fehler am schwersten, die sie selbst ihnen anerzogen haben.

Marie von Ebner-Eschenbach

Für ein kleines Mädchen

Werde was du noch nicht bist,
Und doch bleib, wie du zur Frist;
In diesem Bleiben, in diesem Werden
Liegt dein höchstes Glück auf Erden.

Franz Grillparzer

Es ist der Fehler des Jünglings, sich immer für glücklicher, oder unglücklicher zu halten, als er ist.

Gotthold Ephraim Lessing

Jugend ist dauernde Trunkenheit, sie ist das Entwicklungsfieber der Vernunft. *La Rochefoucauld*

Die Heiterkeit und der Lebensmut unserer Jugend beruht zum Teil darauf, daß wir, bergauf gehend, den Tod nicht sehn; weil er am Fuß der andern Seite des Berges liegt. *Arthur Schopenhauer*

O Kindheit, Jugend! Wie viel *hat* man, eh' man etwas *ist*! – Und wie kehrt sich nachher alles um! *Jean Paul*

Die Jahre bedeuten gar nichts

Wenige Menschen verstehen alt zu sein.

La Rochefoucauld

Mehr noch als nach dem Glück unserer Jugend sehnen wir uns im Alter nach den Wünschen unserer Jugend zurück. *Marie von Ebner-Eschenbach*

Das Alter ist nicht trübe, weil darin unsre Freuden, sondern weil unsre Hoffnungen aufhören. *Jean Paul*

Dem Alter nicht, der Jugend sei's geklagt,
Wenn uns das Alter nicht behagt.

Gotthold Ephraim Lessing

Alles wird von Jahr zu Jahr bedeutungsvoller: der Alternde wird in Bedeutungen ertrinken. *Elias Canetti*

»Die Jugend ist vergänglich« aber das Alter ja auch und noch mehr. *Jean Paul*

Es mag wohl sein, daß junge Menschen einsichtig, alte (zuweilen) unverständig sein können; denn nicht die Zeit lehrt denken, sondern eine frühzeitig begonnene Erziehung und Naturanlage. *Demokrit*

Im weiteren Sinne kann man auch sagen: die ersten vierzig Jahre unsers Lebens liefern den Text, die folgenden dreißig den Kommentar dazu, der uns den wahren Sinn und Zusammenhang des Textes, nebst der Moral und allen Feinheiten desselben, erst recht verstehn lehrt.

Arthur Schopenhauer

Man altert nur von 25 bis 30, was sich bis dahin erhält, wird sich wohl auf immer erhalten. *Friedrich Hebbel*

Das Alter kommt plötzlich, und nicht nach und nach, wie man denkt; wie jede Erkenntnis. *Rahel Varnhagen*

Wenn die Laster uns verlassen, schmeicheln wir uns mit dem Glauben, wir hätten sie verlassen.

La Rochefoucauld

Man wird nicht besser mit den Jahren –
Wie sollt' es auch? man wird bequem
Und bringt, um sich die Reu' zu sparen,
Die Fehler all in ein System.

Theodor Fontane

Nach dem vierzigsten Jahr ändert keiner mehr seine Philosophie. *Wilhelm Busch*

In älteren Jahren nichts mehr lernen *können*, hängt mit dem in älteren Jahren sich nicht mehr befehlen lassen wollen zusammen, und zwar sehr genau.

Georg Christoph Lichtenberg

Man bleibt jung, solange man noch lernen, neue Gewohnheiten annehmen und einen Widerspruch ertragen kann.

Marie von Ebner-Eschenbach

Jedes Jahr begeht man das neue weniger festlich – und so alles; man kennt das Leben.

Jean Paul

Nichts macht schneller alt, als der immer vorschwebende Gedanke, daß man älter wird. Ich verspüre dieses recht an mir; es gehört mit zum Giftsaugen.

Georg Christoph Lichtenberg

So lange wir jung sind, man mag uns sagen, was man will, halten wir das Leben für endlos und gehn danach mit der Zeit um. Je älter wir werden, desto mehr ökonomisieren wir unsere Zeit. Denn im spätern Alter erregt jeder verlebte Tag eine Empfindung, welche der verwandt ist, die bei jedem Schritt ein zum Hochgericht geführter Delinquent hat.

Arthur Schopenhauer

Ehmals und jetzt

In jüngern Tagen war ich des Morgens froh,
Des Abends weint' ich; jetzt, da ich älter bin,
Beginn' ich zweifelnd meinen Tag, doch
Heilig und heiter ist mir sein Ende.

Friedrich Hölderlin

Wer sich nicht an das Gute erinnert, das ihm geworden ist, ist heute schon ein Greis geworden. *Epikur*

Ein Spruch Göthes

»Was man in der Jugend wünscht hat man im Alter genug«
So sagen die Reichbegabten mit Fug,
Wir aber mindern Pfundes Verwalter
Was wir jung hatten, wünschen wir im Alter.

Franz Grillparzer

Die Menschen nutzen wahrhaft ihr Leben zu wenig; es ist also kein Wunder, daß es noch so einfältig in der Welt aussieht. Womit bringt man sein Alter hin? Mit Verteidigung von Meinungen; nicht weil man glaubt, daß sie wahr sind, sondern weil man einmal öffentlich gesagt hat, daß man sie für wahr halte.

Georg Christoph Lichtenberg

... das Alter ist ein kaltes Fieber
Frost von grillenhafter Not.
Hat einer dreißig Jahr vorüber,
So ist er schon so gut wie tot.

Johann Wolfgang Goethe

Je älter man wird, desto lieber will man sprechen, und desto weniger schreiben, besonders Briefe. *Jean Paul*

Die Fehler des Geistes nehmen mit dem Alter zu wie die Falten des Gesichts.

La Rochefoucauld

Was Menschen und Dinge wert sind, kann man erst beurteilen, wenn sie alt geworden.

Marie von Ebner-Eschenbach

In ein Stammbuch

Die Jahre nehmen was die Jahre gaben,
Nicht nur der Körper auch der Geist verblüht,
Nur hast du Eins so wirst du's ewig haben:
Ein warmes Herz, ein liebendes Gemüt.

Franz Grillparzer

Nichts ist schändlicher, als wenn ein Greis mit nichts anderem beweisen kann, daß er lange gelebt hat, als mit der Zahl seiner Jahre.

Seneca

Ein hohes Alter zu erreichen, gibt es, bei fehlerfreier Konstitution, als *conditio sine qua non*, zwei Wege, die man am Brennen zweier Lampen erläutern kann: die eine brennt lange, weil sie, bei wenigem Öl, einen sehr dünnen Docht hat; die andere, weil sie, zu einem starken Docht, auch viel Öl hat: das Öl ist die Lebenskraft, der Docht der Verbrauch derselben, auf jede Art und Weise.

Arthur Schopenhauer

Ich aber bilde mir ein, aus jungen Philistern werden alte Philister, und wer dagegen einmal wahrhaft jung gewesen, der bleibt's zeitlebens. *Joseph von Eichendorff*

Das Fortrücken in der Kalenderjahrzahl macht wohl den Menschen, aber nicht die Menschheit reifer.

Johann Peter Hebel

Die Jahre bedeuten gar nichts. Wer dumm ist und nichts gelernt hat, faselt mit siebzig noch gerade so wie mit siebzehn. *Theodor Fontane an Karl Bleibtreu*

Gesundheit – an Leib und Seele

Nach Gleichgewicht gegen außen, und in sich, ist zu streben. Nun ist dies, soweit es durch den Willen erreichbar ist, in bezug auf vegetatives Leben: Genügsamkeit, – in bezug auf irritables: Balance zwischen Bewegung und Ruhe; – in Bewegung auf sensitives: Behagen. Hierin liegt unser Gesetz. *Ernst von Feuchtersleben*

Bei genügsamer Kost wird die Nachtruhe nie verkürzt.

Demokrit

Der Pöbel ruiniert sich durch das Fleisch, das wider den Geist, und der Gelehrte durch den Geist, den zu sehr wider den Leib gelüstet. *Georg Christoph Lichtenberg*

Sorge für Deinen Leib, doch nicht so als wenn er Deine Seele wäre. *Matthias Claudius*

Es ist nicht gut, zu frei zu sein.
Es ist nicht gut, alles Notwendige zu haben.

Blaise Pascal

In ihren Gebeten erbitten sich die Menschen Gesundheit von den Göttern; daß sie die Macht dazu in sich selber tragen, wissen sie nicht. Indem sie durch Unmäßigkeit das Gegenteil bewirken, werden sie aufgrund ihrer Gelüste zu Verrätern an ihrer Gesundheit.

Demokrit

Die *Hypochonder.* – Der Hypochonder ist ein Mensch, der gerade genug Geist und Lust am Geiste besitzt, um seine Leiden, seinen Verlust, seine Fehler gründlich zu nehmen: aber sein Gebiet, auf dem er sich nährt, ist zu klein; er weidet es so ab, daß er endlich die einzelnen Hälmchen suchen muß. Dabei wird er endlich zum Neider und Geizhals – und dann erst ist er unausstehlich.

Friedrich Nietzsche

Auch unverdientes Brot macht satt.

Sprichwort

Ein Mittel, das unter allen Umständen wirken soll, muß aus dem erkrankten Individuum selbst gewonnen werden.

Friedrich Hebbel

Ein Teil der Heilung war noch immer, geheilt werden zu wollen.

Seneca

Krankheit ist *nichts anderes*, wie die Wege seiner Wiedergenesung nicht *erkennen*, nicht *finden*!

Peter Altenberg

Viel besser als ein guter Wille
Wirkt manchmal eine gute Pille.

Wilhelm Busch

Es gibt Krankheiten, von denen man gehörig und gründlich nur dadurch genest, daß man ihnen ihren natürlichen Verlauf läßt, nach welchem sie von selbst verschwinden, ohne eine Spur zu hinterlassen. Verlangt man aber sogleich und jetzt, nur gerade jetzt, gesund zu sein; so muß auch hier die Zeit Vorschuß leisten: die Krankheit wird vertrieben: aber der Zins ist Schwäche und chronische Übel, Zeit Lebens.

Arthur Schopenhauer

Krankheiten nützen nicht bloß dem Doktor, sondern auch der Seele.

Jean Paul

Gesundheit schätzt man erst, wenn man krank wird.

Deutsches Sprichwort

Wenn du die Hilfe des Arztes erwartest, mußt du die Wunde aufdecken!

Boethius

Die größte Niederträchtigkeit eines Arztes besteht darin, sich Arbeit zu beschaffen. Viele, die Krankheiten verschlimmert und erst verursacht hatten, um durch ihre Heilung den eigenen Ruhm zu mehren, waren dann nicht in der Lage, sie auszukurieren, oder wurden ihrer nur dadurch Herr, daß sie die unglücklichen Patienten böse mißhandelten.

Seneca

Unsre Ärzte

Seit ihr so eifrig im Studieren
Muß meine Hoffnung auf Genesung scheitern,
Ihr wollt nicht eure Kranken kurieren
Sondern nur eure Wissenschaft erweitern.

Franz Grillparzer

Zwei große Ärzte, Sommer und Winter – 2 große Giftmischer, Herbst und Frühling.

Jean Paul

Jeder Monat des Jahres hat einen eigentümlichen und unmittelbaren, d. h. vom Wetter unabhängigen Einfluß auf unsere Gesundheit, unsere körperlichen Zustände überhaupt, ja, auch auf die geistigen.

Arthur Schopenhauer

Der Körper wird der Scharfrichter der Seele.

Jean Paul

Die Märtyrer unterschätzen den Leib nicht, sie lassen ihn auf dem Kreuz erhöhen. Darin sind sie mit ihren Gegnern einig.

Franz Kafka

Mit allen Mitteln verjagen und mit Feuer und Schwert und mancherlei Vorkehrungen ringsum abschneiden muß man vom Leibe die Krankheit, von der Seele die Unwissenheit, vom Bauche die Verschwendungssucht, vom Gemeinwesen die Zwietracht, vom Hause die Uneinigkeit und zugleich von allen die Maßlosigkeit.

Pythagoras

Es gibt in der Tat ein Heilmittel für die Seele, die Philosophie. Ihre Hilfe muß man nicht, wie bei den Krankheiten des Körpers, von außen holen, wir müssen uns vielmehr mit allen Mitteln und allen Kräften bemühen, uns selbst heilen zu können.

Cicero

Die Trauer kommt von innen, und untergräbt aus der Tiefe den menschlichen Organismus. Ein Verdruß, der von außen kommt, stellt das Gleichgewicht am besten wieder her.

Ernst von Feuchtersleben

Wer seinen Mund und seine Zunge bewahrt, der bewahrt seine Seele vor Angst.

Die Sprüche Salomos

Ohne Anmaßung nimm an, ohne Bedauern gib hin!

Marc Aurel

Der ist ein wahrhaft kluger und bedachtsamer Mensch, der es sich so sauer um seine Seele werden läßt, als andre es sich um ihren Körper werden lassen.

Demophilos (nach Matthias Claudius)

Durch den Tod wird das alles gleichgemacht

Es tötet nichts so sicher als das Leben.

Wilhelm Raabe

Fürchtet doch nicht so den Tod und mehr das unzulängliche Leben!

Bert Brecht

... denn der Mensch ist vergänglich wie das Blatt des Baumes, ja noch mehr als dies; denn dasselbe kann nur der Herbst abschütteln, den Menschen jeder Augenblick.

Adalbert Stifter

Wenn man an der Bahre eines lieben Menschen steht, so fängt es erst an, einen zu erbarmen, nicht weil er gestorben ist, sondern weil er gelebt hat. Gelebt und gelitten, heimlich und geduldig für sich allein. *Peter Rosegger*

Beim Tode eines geliebten Menschen schöpfen wir eine Art Trost aus dem Glauben, daß der Schmerz über unseren Verlust sich nie vermindern wird.

Marie von Ebner-Eschenbach

Das Gesetz verpflichtet [...] zu einem Trauerjahre, und gewiß ist eine solche Epoche, die den Wechsel aller irdischen Dinge in sich begreift, einem fühlenden Herzen nötig, um die schmerzlichen Eindrücke eines großen Verlustes zu mildern. Man sieht die Blumen welken und die Blätter fallen, aber man sieht auch Früchte reifen und neue Knospen keimen. Das Leben gehört den Lebendigen an, und wer lebt, muß auf Wechsel gefaßt sein.

Johann Wolfgang Goethe

Wir Menschen sind wie Schwämme, wir trinken uns voll Leben, dann wird's wieder ausgedrückt.

Friedrich Hebbel

Alles, was stirbt, fällt ins Leben, und alles, was geboren wird, ist ebenso alt wie das Sterbende. Stürzte der Tod uns ins Nichts, so müßte uns ja die Geburt aus dem nämlichen Nichts ziehen.

Maurice Maeterlinck

Unsterblichkeit

Vor dem Tod erschrickst du? Du wünschest unsterblich zu leben?
Leb' im Ganzen! Wenn du lange dahin bist, es bleibt.

Friedrich Schiller

Das Grausamste des Todes: ein scheinbares Ende verursacht einen wirklichen Schmerz.

Franz Kafka

Der Tod ist die Erlösung von allen Schmerzen und völliges Aufhören; über ihn gehen unsere Leiden nicht hinaus; er versetzt uns wieder in den Zustand der Ruhe, in dem wir uns befanden, ehe wir geboren wurden. Bedauert jemand die Gestorbenen, so muß er auch die Ungeborenen bedauern.

Seneca

Es wäre wohl schlimm, ohne Leben zu sein; aber man ist nicht mehr, wenn man nicht mehr lebt.

Bert Brecht

Die völlige Vernichtung ist ausgeschlossen. Wir sind die Gefangenen einer Unendlichkeit ohne Pforten, aus der

nichts verschwindet, in der alles sich zerstreut, aber nichts verloren geht.

Maurice Maeterlinck

Willst du wissen: was ist das Leben, so frage dich: was ist der Tod?

Friedrich Hebbel

Von außen gesehn ist es schrecklich erwachsen aber jung zu sterben oder gar sich zu töten. In gänzlicher Verwirrung, die innerhalb einer weiteren Entwicklung Sinn hätte, abzugehn, hoffnungslos oder mit der einzigen Hoffnung, daß dieses Auftreten im Leben innerhalb der großen Rechnung als nicht geschehen betrachtet werden wird.

Franz Kafka

Schlecht lebt jeder, der nicht gut zu sterben weiß. Man darf das Leben nicht zu hoch anschlagen, man muß es unter die geringen Dinge rechnen.

Seneca

Wer den Tod fürchtet, hat das Leben verloren.

Johann Gottfried Seume

Alles Einmalige ist nicht schwer zu ertragen. Ist es vernünftig, so lange sich vor etwas zu fürchten, was so kurz dauert? Lange Zeit leben und kurze Zeit leben, durch den Tod wird das alles gleichgemacht.

Michel de Montaigne

III

Die Liebe

Das ist die wahre Liebe

Die meisten Menschen brauchen mehr Liebe, als sie verdienen.

Marie von Ebner-Eschenbach

Die Liebe zu *Einem* ist eine Barbarei: denn sie wird auf Unkosten aller übrigen ausgeübt. Auch die Liebe zu Gott.

Friedrich Nietzsche

Es gibt Menschen, die vielerlei lieben und ihre Liebe teilen – sie werden von vielen Dingen sanft gezogen: andere haben nur eines und müssen das Gefühl dafür steigern, daß sie die übrigen tausend linden Seidenfäden des Wohles entbehren lernen, womit das Herz der erstern täglich süß umhüllet und abgezogen wird.

Adalbert Stifter

Für das Geliebte leiden ist so süß
Und Hoffnung und Erinnrung sind ja Rosen
Von *einem* Stamme mit der Wirklichkeit
Nur ohne Dornen! . . .

Franz Grillparzer

Offene Strafe ist besser denn heimliche Liebe.

Die Sprüche Salomos

Im nächsten Verkehre. – Wenn Menschen auch noch so eng zusammengehören: es gibt innerhalb ihres gemeinsamen Horizontes doch noch alle vier Himmelsrichtungen, und in manchen Stunden merken sie es.

Friedrich Nietzsche

Es hat noch niemals auf der Erde ein Mensch von dem anderen »was gewußt«. *Wilhelm Raabe*

Bittre Liebe

Lieben ist ein süßes Leiden,
wenn's nicht bitter wird durch Scheiden.
Bittres will ich dennoch leiden,
daß ich Süßes nicht darf meiden.

Friedrich von Logau

O, wie liebt der Mensch, wenn sich zwischen ihn und das Geliebte die Unmöglichkeit stellt! Darum auch das Vergangene. *Friedrich Hebbel*

Ich meine, es müßte einmal ein sehr großer Schmerz über die Menschen kommen, wenn sie erkennen, daß sie sich nicht geliebt haben, wie sie sich hätten lieben können.

Christian Morgenstern

Jeder geliebte Gegenstand ist der Mittelpunkt eines Paradieses.

Novalis

Freiwillige Abhängigkeit ist der schönste Zustand, und wie wäre der möglich ohne Liebe.

Johann Wolfgang Goethe

Die Liebe zweier Liebenden ist fast nie die gleiche. Die Liebe der Leidenschaft hat ihren Kreislauf; abwechselnd liebt der eine mehr als der andere.

Stendhal

Die schrecklichsten Abgründe öffnen sich, wenn zwei Menschen sich *wirklich* gern haben! Denn da merken sie erst *alles*, was *trotzdem* nicht stimmt! Die anderen *gleiten darüber hinweg*, sie haben es eh *nie anders sich erhofft*!

Peter Altenberg

Wie ganz anders sind die Worte, die man einer geliebten Gestalt in Gedanken sagt, als wenn sie dann vor uns tritt und das dumme Herz erschrocken zurücksinkt und eine Flachheit vorbringt.

Adalbert Stifter

Die Kurzsichtigen sind verliebt. – Mitunter genügt schon eine stärkere Brille, um den Verliebten zu heilen; und wer die Kraft der Einbildung hätte, um ein Gesicht, eine Gestalt sich zwanzig Jahre älter vorzustellen, ginge vielleicht sehr ungestört durch das Leben.

Friedrich Nietzsche

Es gibt Leute, die nie verliebt gewesen wären, wenn sie nie von der Liebe hätten sprechen hören.

La Rochefoucauld

Die Frau verliert in der Liebe zu einem ausgezeichneten Manne das Bewußtsein ihres eigenen Wertes; der Mann kommt erst recht zum Bewußtsein des seinen durch die Liebe einer edlen Frau.

Marie von Ebner-Eschenbach

Jeder Mensch, der liebt, muß für den, der er lieb hat, ein *Tonikum* sein!

Sonst beginnt die organische Tragödie – –.

Peter Altenberg

So ist es, wenn ein Mensch sein Liebesvermögen auf einen einzigen Gegenstand gesammelt hat; mit dessen Verlust stürzt ihm alles zusammen, und er steht arm zwischen Trümmern.

Hermann Hesse

Was aus Liebe getan wird, geschieht immer jenseits von Gut und Böse.

Friedrich Nietzsche

Es ist ein Merkmal der Liebe, daß alle Freuden und Leiden, die irgendwelche andere Leidenschaft und irgendwelches andere menschliche Begehren verursachen, uns mit einem Male nicht mehr berühren.

Stendhal

Die Kunst zu lieben

Auch zum Lieben bedarfst du der Kunst? Unglücklicher Manso,
Daß die *Natur* auch nichts, gar nichts für dich noch getan!

Johann Wolfgang Goethe

Das ist die wahre Liebe, die immer und immer sich gleich bleibt,
Wenn man ihr alles gewährt, wenn man ihr alles versagt.

Johann Wolfgang Goethe

Eifersucht und Leidenschaft

In der Eifersucht liegt mehr Eigenliebe als Liebe.

La Rochefoucauld

Vom Augenblick ab, wo man liebt, sieht selbst der Klügste kein Ding mehr so, wie es wirklich ist. *Stendhal*

Eifersucht ist Beschämung; darum ist es eine einsame Leidenschaft ... *Rahel Varnhagen*

Die Eifersucht wird stets mit der Liebe geboren, aber nicht immer stirbt sie mit ihr. *La Rochefoucauld*

Die Eifersucht ist keine Leidenschaft! Die Eifersucht ist eine Furcht, die ewige, organische, unentrinnbare, innerlich sterben zu müssen! Eine Todesfurcht!

Peter Altenberg

Und kränkt die Liebe dich, sei dir's zur Lieb ein Sporn;
Daß du die Rose hast, das merkst du erst am Dorn.

Friedrich Rückert

Liebe ist, daß Du mir das Messer bist, mit dem ich in mir wühle.
Franz Kafka an Milena Jesenská

Die Liebe ist wie das Fieber. Sie entsteht und vergeht, ohne daß der Wille die geringste Gewalt darüber hat. Das ist ein Hauptunterschied zwischen der Liebe aus Galanterie und der Liebe aus Leidenschaft. Hat das geliebte Wesen wirklich gute Eigenschaften, so verdanken wir das nur einem glücklichen Zufall.
Stendhal

Die Liebe ist ein schöner Engel, aber oft ein schöner Todesengel für das gläubige, betrogne Herz!
Adalbert Stifter

Trennung läßt die schwächere Leidenschaft abnehmen und die große wachsen: wie der Wind die Kerzen auslöscht und das Feuer anfacht.
La Rochefoucauld

Man heilt Leidenschaften nicht durch Verstand, sondern nur durch andere Leidenschaften.
Ludwig Börne

Die Ehe ist auf andern Sachen aufgebaut

Die Liebe will nicht, daß man sich anders als durch sie allein gebunden fühlt ...

Michel de Montaigne

Freunde, Liebende und Eheleute sollen alles gemein haben, nur nicht die – Stube; die groben Forderungen und kleinlichen Zufälle der körperlichen Gegenwart sammeln sich als Lampenrauch um die reine weiße Flamme der Liebe.

Jean Paul

Austausch der Gewohnheiten: ich schenke dir diese, du mir jene; daraus soll dann eine Ehe werden.

Elias Canetti

Gewisse Ehen halten nur in der Weise zusammen wie ineinander verbissene Tiere.

Gerhart Hauptmann

Die Ehe als langes Gespräch. – Man soll sich beim Eingehen einer Ehe die Frage vorlegen: glaubst du, dich mit dieser Frau bis ins Alter hinein gut zu unterhalten? Alles andere in der Ehe ist transitorisch, aber die meiste Zeit des Verkehrs gehört dem Gespräche an.

Friedrich Nietzsche

Die Ehe gibt dem einzelnen Begrenzung und dadurch dem Ganzen Sicherheit.

Friedrich Hebbel

Die Liebe

Die Liebe
Welch lieblicher Dunst;
Doch in der Ehe
Da steckt die Kunst.

Theodor Storm

Es ist ein Unsinn zu glauben, man könne glücklich werden, wenn man vierhändig eine Sonate spielen kann. Die Ehe ist auf andern Sachen aufgebaut.

Theodor Fontane an Georg Friedlaender

Es gibt wenig Menschen, die sich nicht schämten, einander geliebt zu haben, wenn sie sich nicht mehr lieben.

La Rochefoucauld

IV
Der Charakter

Was einem angehört

Es bildet ein Talent sich in der Stille,
Sich ein Charakter in dem Strom der Welt.

Johann Wolfgang Goethe

Über nichts wird flüchtiger geurteilt als über die Charaktere der Menschen, und doch sollte man in nichts behutsamer sein. Bei keiner Sache wartet man weniger das Ganze ab, das doch eigentlich den Charakter ausmacht, als hier. Ich habe immer gefunden, die sogenannten schlechten Leute gewinnen, wenn man sie genauer kennen lernt, und die guten verlieren.

Georg Christoph Lichtenberg

Mit bloßem Charakter ist auch nicht viel zu machen, oder doch höchstens Feiertags; Alltags verlangt man ein bißchen Esprit. *Theodor Fontane an seine Frau Emilie*

Ein Charakter ist ein vollkommen gebildeter Willen.

Novalis

Die Talente sind oft gar nicht so ungleich, im Fleiß und Charakter liegen die Unterschiede. *Theodor Fontane*

Wenn man etwas recht gründlich haßt, ohne zu wissen, warum, so kann man überzeugt sein, daß man davon einen Zug in seiner eigenen Natur hat.

Friedrich Hebbel

Seelengröße (ist es), eine Beleidigung mit Sanftmut zu ertragen. *Demokrit*

Unsere Fehler bleiben uns immer treu, unsere guten Eigenschaften machen alle Augenblicke kleine Seitensprünge. *Marie von Ebner-Eschenbach*

Die gesundesten und schönsten, regelmäßigst gebauten Leute sind die, die sich alles gefallen lassen. Sobald einer ein Gebrechen hat, so hat er seine eigne Meinung.

Georg Christoph Lichtenberg

Ich finde nichts lächerlicher als etwas lächerlich zu finden. *Ludwig Börne*

Durch nichts bezeichnen die Menschen mehr ihren Charakter als durch das, was sie lächerlich finden.

Johann Wolfgang Goethe

Der Charakter des Menschen ist ihren Gesichtern eingepräget. Alle Leidenschaften verursachen besondere Züge in dem Gesicht. Sind sie von langer Dauer, so werden die Züge unauslöschlich. *Ewald Christian von Kleist*

Wenn unser Charakter ausgebildet ist, fängt leider unsere Kraft an zusehends abzunehmen.

Johann Gottfried Seume

Einen festen Charakter haben, heißt lange und beständige Erfahrungen in den Enttäuschungen und Unglücksfällen des Lebens haben. Dann begehrt man entweder unbeugsam oder gar nicht. *Stendhal*

In jedes Menschen Charakter sitzt etwas, das sich nicht brechen läßt – *das Knochengebäude des Charakters*; und dieses ändern wollen, heißt immer, ein Schaf das Apportieren lehren. *Georg Christoph Lichtenberg*

Alles, alles kann einer vergessen, nur nicht sich selbst, sein eigenes Wesen. Denn der Charakter ist schlechthin inkorrigibel; weil alle Handlungen des Menschen aus einem inneren Prinzip fließen, vermöge dessen er, unter gleichen Umständen, stets das Gleiche tun muß und nicht anders kann. *Arthur Schopenhauer*

Die Natur ist stärker als die Vorsätze.

Theodor Fontane an Paul Heyse

Da man sich sein Temperament, das heißt seine Seele, nicht willkürlich wählen kann, so muß man die einem zugeteilte Rolle spielen.

Stendhal

Kein Mensch kann sich zu seiner Person etwas hinzu-, oder von ihr etwas hinwegdenken.

Friedrich Hebbel

Für sein Tun und Lassen darf man keinen andern zum Muster nehmen; weil Lage, Umstände, Verhältnisse nie die gleichen sind, und weil die Verschiedenheit des Charakters auch der Handlung einen verschiedenen Anstrich gibt . . .

Arthur Schopenhauer

Eine goldene Regel: Man muß die Menschen nicht nach ihren Meinungen beurteilen, sondern nach dem, was diese Meinungen aus ihnen machen.

Georg Christoph Lichtenberg

Aus so krummem Holze, als woraus der Mensch gemacht ist, kann nichts ganz Gerades gezimmert werden.

Immanuel Kant

Du kannst einen Menschen daran hindern, zu stehlen, aber nicht daran, ein Dieb zu sein. *Arthur Schnitzler*

Was einem angehört, wird man nicht los, und wenn man es wegwürfe. *Johann Wolfgang Goethe*

Eigenheiten und Eigenschaften

Der *Stolz*, eine edle Leidenschaft, ist nicht blind gegen eigene Fehler, aber der *Hochmut* ist es.

Georg Christoph Lichtenberg

Ein stolzer Mensch verlangt von sich das Außerordentliche, ein hochmütiger schreibt es sich zu.

Marie von Ebner-Eschenbach

Der Stolz ist in allen Menschen gleich, verschieden ist er nur in den Mitteln und in der Art, sich zu äußern.

La Rochefoucauld

Der Ehrgeiz ist für die Seele, was der Hunger für den Leib ist. *Ludwig Börne*

Die meisten Menschen lassen sich vom Ehrgeiz bestimmen; sie suchen nicht die Befriedigung durch die Sache, sondern die durch den Schein; wenn sie keinen Lärm hören, denken sie, man schläft. *Michel de Montaigne*

Heftigen Ehrgeiz und Mißtrauen habe ich noch allemal beisammen gesehen. *Georg Christoph Lichtenberg*

Es gibt nur eigentlich ein einziges Laster, die Eitelkeit. Sie ist *ungoetheisch*. Sie führt uns, statt *in die Welt*, *zu uns selbst* zurück! An den Anfang statt an das Ende!

Peter Altenberg

Wer zu Grunde gehen soll, der wird zuvor stolz; und Hochmut kommt vor dem Fall. *Die Sprüche Salomos*

Schmäht so viel euch beliebt ihr lautrezensierenden Zungen!
Über den Reichen zu Pferd, schimpfet das Volk, das zu Fuß.

Franz Grillparzer

Daß etwas so Augenfälliges wie die Eitelkeit der Welt so wenig bekannt ist, daß es seltsam und überraschend ist, wenn man sagt, es sei dumm, nach Größe zu streben. Das ist erstaunlich. *Blaise Pascal*

... es gibt selbst bei der Eitelkeit endlich eine Art Ermüdung, die mit vorschreitendem Leben eintritt, und man erspart sich dann mancherlei Anstrengung ...

Heimito von Doderer

Ein tapferer Sinn verwandelt große Katastrophen in kleine. *Demokrit*

Courage ist gut, aber Ausdauer ist besser. Ausdauer, das ist die Hauptsache. *Theodor Fontane*

Wollen heißt den Mut haben, sich einer Unannehmlichkeit auszusetzen. Sich derartig aussetzen, heißt den Zufall versuchen, also spielen. *Stendhal*

Regel

Willst die Bescheidenheit du des Bescheidenen prüfen, so forsche
Nicht ob er Beifall verschmäht; ob er den Tadel erträgt!

Franz Grillparzer

Man hat aus der Bescheidenheit eine Tugend gemacht, um den Ehrgeiz der Großen einzuschränken und um die Mittelmäßigen zu trösten über ihr geringes Vermögen und ihre geringen Verdienste. *La Rochefoucauld*

Wer sich viel über Undankbarkeit beschwert, ist ein Taugenichts, der niemals aus Menschlichkeit, sondern aus Eigennutz andern gedienet hat.

Ewald Christian von Kleist

Wenn die Menschen sagen, sie wollen nichts geschenkt haben, so ist es gemeiniglich ein Zeichen, daß sie etwas geschenkt haben wollen.

Georg Christoph Lichtenberg

Der Leichtsinn ist ein Schwimmgürtel für den Strom des Lebens.

Ludwig Börne

Faulheit ist Dummheit des Körpers, und Dummheit Faulheit des Geistes.

Johann Gottfried Seume

Der Neider tut sich wie einem Feinde selber weh.

Demokrit

Feig, wirklich feig ist nur, wer sich vor seinen Erinnerungen fürchtet.

Elias Canetti

Zorn ist ein wütig Ding, und Grimm ist ungestüm; aber wer kann vor dem Neid bestehen?

Die Sprüche Salomos

Die Feindschaft unter Blutsverwandten ist um vieles heftiger als die gegen Nicht-Verwandte. *Demokrit*

Der Vorzug

Über das Herz zu siegen ist groß, ich verehre den Tapfern,
Aber wer *durch* sein Herz sieget, er gilt mir doch mehr.

Friedrich Schiller

Es ist eine psychologische Tatsache, daß Toleranz dem Durchschnitt der Menschheit ganz wesensfeindlich ist.

Egon Friedell

Nicht das Predigen der Humanität, sondern das Tun hat Wert. Desto schlimmer, wenn man viel spricht und wenig tut. *Johann Gottfried Seume*

Der Mensch gewinnt meine Hochachtung, als ein unter hundert Auserlesener, welcher, wann er auf irgend etwas zu warten hat, also unbeschäftigt dasitzt, nicht sofort mit dem, was ihm gerade in die Hände kommt, etwan seinem Stock, oder Messer und Gabel, oder was sonst, taktmäßig hämmert oder klappert. Wahrscheinlich denkt er an etwas. Vielen Leuten hingegen sieht man an, daß bei ihnen das Sehn die Stelle des Denkens ganz eingenommen hat: sie suchen sich durch Klappern ihrer Existenz bewußt zu werden; wenn nämlich kein Cigarro bei der Hand ist, der eben diesem Zwecke dient. Aus dem selben Grunde sind sie auch beständig ganz Auge und Ohr für alles, was um sie vorgeht. *Arthur Schopenhauer*

Eigenheiten

Man soll seine Eigenheiten nicht für Begabungen halten. Sie sind nicht einmal Begabungs-Pforten, sondern das Gegenteil: blinde Tore, vermauerte Bogen.

Heimito von Doderer

Unsre Eigenschaften müssen wir kultivieren, nicht unsre Eigenheiten. *Johann Wolfgang Goethe*

Stärken und Schwächen

Große Seelen sind nicht leicht zu finden; sie verbergen sich. Für gewöhnlich sieht man nur ein wenig Sonderlichkeit. Es gibt mehr große Seelen, als man glaubt.

Stendhal

Es ist, als wenn alles, was Menschen berühren, infiziert würde: Dinge, die an sich gut und schön sind, verderben, wenn sie in die Hände von uns Menschen geraten. Sogar die Tugend kann zum Laster werden, wenn wir zu gierig und heftig nach ihr greifen. *Michel de Montaigne*

Wie man das Gewicht seines eigenen Körpers trägt, ohne es, wie doch das jedes fremden, den man bewegen will, zu fühlen; so bemerkt man nicht die eigenen Fehler und Laster, sondern nur die der andern. – Dafür aber hat jeder am andern einen Spiegel, in welchem er seine eigenen Laster, Fehler, Unarten und Widerlichkeiten jeder Art deutlich erblickt. Allein meistens verhält er sich dabei wie der Hund, welcher gegen den Spiegel bellt, weil er nicht weiß, daß er sich selbst sieht, sondern meint, es sei ein anderer Hund. *Arthur Schopenhauer*

Das Behagen am Dasein verdirbt sich der Mensch sehr häufig durch seine sogenannten »starken Seiten«.

Wilhelm Raabe

Ohne Zweifel liegt diese Tendenz zum *schlechter werden* so tief in der menschlichen Natur, daß ihre Wirkung durch keine menschliche Veranstaltung gänzlich aufgehoben werden kann. *Christoph Martin Wieland*

Seinen Hauptfehler kennen. Keiner lebt, der nicht das Gegengewicht seines glänzendesten Vorzugs in sich trüge: wird nun dasselbe noch von der Neigung begünstigt, so erlangt es eine tyrannische Gewalt. Man eröffne den Krieg dawider durch Aufrufen der Sorgfalt dagegen, und der erste Schritt sei, seinen Hauptfehler sich offenbar zu machen: denn einmal erkannt, wird er bald besiegt sein, vorzüglich wenn der damit Behaftete ihn ebenso deutlich auffaßt wie die Beobachter. Um Herr über sich zu sein, muß man sich gründlich kennen. Hat man erst jenen Anführer seiner Unvollkommenheiten zur Unterwerfung gebracht, werden alle übrigen nachfolgen.

Balthasar Gracián

Das schlimmste ist nicht: Fehler haben, nicht einmal sie nicht bekämpfen, ist schlimm. Schlimm ist, sie zu verstecken.

Bert Brecht

Am bittersten bereuen wir die Fehler, die wir am leichtesten vermieden hätten.

Marie von Ebner-Eschenbach

Es ist leichter eine gute Gewohnheit annehmen, als sich einer schlechten zu entwöhnen.

August von Platen

Sei nicht stolz, sprach das Laster zur Tugend, wenn du unsere Stammbäume vergleichst, findest du manchen gemeinsamen Ahnen.

Marie von Ebner-Eschenbach

Wo kein Laster ist, da ist keine Tugend.

Deutsches Sprichwort

Der Übergang von einer Stufe des Lasters zur andern ist unmerklich; es kostet unendlich mehr Mühe sich zu der kleinsten vorsetzlichen Übeltat, wenn es *die erste ist*, zu entschließen, als das Ärgste zu begehen, wenn man einmal die unglückliche Leichtigkeit, Böses zu tun, erlangt hat.

Christoph Martin Wieland

Eine Tugend ist nichts als ein Laster, das emporwächst, statt herabzusinken, und jede gute Eigenschaft ist nur ein Laster, das sich nutzbar zu machen versteht.

Maurice Maeterlinck

Jede der Tugenden (Tapferkeit, Mäßigung, Klugheit, Gerechtigkeit) ist mit einer Haltung der Fürsorge verbunden, die sozusagen nach außen blickt und sich zu den anderen hinwendet und sie umfaßt hält. So kommt es, daß man sich um Freunde, Geschwister, Verwandte und Verschwägerte, um Mitbürger und, da wir ja nach einer einzigen menschlichen Gemeinschaft streben, um alle Menschen um ihrer selbst willen bemühen muß.

Cicero

Reife besteht darin, daß einer nicht mehr auf sich selbst hereinfällt.

Heimito von Doderer

Alle menschlichen Fehler sind Ungeduld, ein vorzeitiges Abbrechen des Methodischen, ein scheinbares Einpfählen der scheinbaren Sache.

Franz Kafka

Es gibt Leute, die nur aus dem Grunde in jeder Suppe ein Haar finden, weil sie, wenn sie davor sitzen, so lange den Kopf schütteln, bis eins hineinfällt.

Friedrich Hebbel

Wer sündigt, versündigt sich an sich selbst; begangenes Unrecht fällt auf den Urheber zurück, indem er sich selbst verschlechtert.

Marc Aurel

Sie setzte […] die Tugend mehr im Bereuen der Fehler als im Vermeiden.

Georg Christoph Lichtenberg

Dummheit, die man bei den anderen sieht,
Wirkt meist erhebend aufs Gemüt.

Wilhelm Busch

Wenn wir selbst keine Fehler hätten, würden wir sie nicht mit so großem Vergnügen an anderen entdecken.

La Rochefoucauld

Das schlimmste ist, daß wir selbst, bei aller Verachtung, womit wir fremde Torheiten anzusehen gewohnt sind, große Ursache haben zu glauben, daß wir an ihrem Platze nicht weiser gewesen sein würden.

Christoph Martin Wieland

Wer in sich selbst verliebt ist, hat wenigstens bei seiner Liebe den Vorteil, daß er nicht viele Nebenbuhler erhalten wird.

Georg Christoph Lichtenberg

Man kann immerhin ehrlich sein, es ist nur dumm, sich's merken zu lassen.

Ludwig Börne

Man lernt spät lügen, und spät die Wahrheit sagen.

Rahel Varnhagen

O, man ist auch verzweifelt wenig, wenn man weiter nichts ist als ehrlich.

Gotthold Ephraim Lessing

Niemand verdient das Lob der Güte, wenn er nicht die Kraft hat, böse zu sein; jede andere Güte ist zumeist nur Trägheit oder Willensschwäche.

La Rochefoucauld

Und dann, wie soll sich die Seele anders als durch ein wenig Bosheit von einer Last befreien?

Franz Kafka an Milena Jesenská

Es ist eine alte Regel: Ein Unverschämter kann bescheiden aussehen, wenn er will, aber kein Bescheidener unverschämt.

Georg Christoph Lichtenberg

Aber die Schönheit, das muß wahr sein, macht selbstisch, und wer selbstisch ist, ist undankbar und treulos.

Theodor Fontane

Einigen Leuten stehen ihre Fehler gut, andere sind mit ihren guten Eigenschaften unangenehm.

La Rochefoucauld

Die Reue wegen Unterlassung einer bösen Tat
ist, fürcht' ich, nur zu häufig.

Wilhelm Busch

Die beste Art, sich an jemand zu rächen, ist die, nicht Böses mit Bösem zu vergelten.

Marc Aurel

Rache ist das Eingeständnis schmerzlichen Getroffenseins. Es zeugt nicht von Seelengröße, sich von Beleidigungen beeindrucken zu lassen. Derjenige, der dich verletzt hat, ist entweder stärker oder schwächer als du; ist er schwächer, schone ihn, ist er stärker, dich. *Seneca*

Jedes Laster geht seinen eignen Weg, aber alle gelangen zu demselben Ziel. *August von Platen*

Nie tut man Böses so vollkommen und so freudig, als wenn man es im Einklang mit seinem Gewissen tut.

Blaise Pascal

Der Despotismus ist bequemer als die Freiheit, wie das Laster bequemer als die Tugend ist.

Friedrich Heinrich Jacobi

Das Vergessen der eigenen Schandtaten erzeugt Frechheit. *Demokrit*

Ein barmherziger Mann tut sich selber Gutes; aber ein unbarmherziger betrübt auch sein eigen Fleisch.

Die Sprüche Salomos

Glücklich, wem Vermögen mit Verstand gepaart zu eigen ist; denn er macht davon in allem, was nötig ist, den richtigen Gebrauch. *Demokrit*

Edel sei der Mensch ...

Der innere Mensch bildet den äußren, aber noch viel mehr der äußre Mensch den innren. *Theodor Fontane*

Nach der Beschaffenheit der Gegenstände, die du dir am häufigsten vorstellst, wird sich auch deine Gesinnung richten; denn von den Gedanken nimmt die Seele ihre Farbe an.

Marc Aurel

Nach der Umgebung, in der man den größten Teil des Tages zubringt, richtet sich notwendig auch die Entwicklung des eigenen Charakters.

Antiphon

Wir haben lauter ethische Grundsätze aufgestellt, die aber ein jeder von anderen ausgeübt sehen möchte. Wer besitzt, will, daß nicht gestohlen werde; der Despotische hält auf Gehorsam; der Wohlhabende preist die Arbeit, Spitzbuben schwärmen für Ehrgefühl und sind höchst empfindlich in dem Punkte; Kriege brachen aus von dem patriotischen Geschrei derer, die zu Hause blieben, und die Eiteln finden die Fähigen nie bescheiden genug.

Alexander von Villers

Man darf niemanden betrügen, auch nicht die Welt um ihren Sieg.

Franz Kafka

Der eine fragt: Was kommt danach?
Der andre fragt nur: Ist es recht?
Und also unterscheidet sich
Der Freie von dem Knecht.

Theodor Storm

Eine Lüge kann mehr Adel in sich tragen als zehn Wahrheiten.

Gerhart Hauptmann

Dem Bösen kann man nicht in Raten zahlen – und versucht es unaufhörlich.

Franz Kafka

Zur Sittlichkeit (gehört) nicht nur, kein Unrecht zu begehen, man darf es nicht einmal wollen.

Demokrit

Altruismus aus Klugheit, Idealismus aus Eigennutz: – das ist vielleicht die Formel für eine kommende Ethik.

Egon Friedell

Tue deine Pflicht so lange, bis sie deine Freude wird.

Marie von Ebner-Eschenbach

Die Tugenden wählt man wegen der Lust, nicht wegen ihrer selbst, so wie auch die Medizin wegen der Gesundheit.

Epikur

Die Leute geben der Tugend die Hände, aber nicht das Herz.

Deutsches Sprichwort

Nicht aus Furcht, sondern aus Pflichtgefühl muß man sich vor Fehltritten in acht nehmen.

Demokrit

Bist du weise, so bist du weise für dich; bist du ein Spötter, so hast du's allein zu tragen.

Die Sprüche Salomos

Verkörperung des Geistes. – Wenn einer viel und klug denkt, so bekommt nicht nur sein Gesicht, sondern auch sein Körper ein kluges Aussehen.

Friedrich Nietzsche

Denen, deren Lebensweise wohlgeordnet ist, gerät auch das Leben in bester Ordnung.

Demokrit

Laß dich einen andern loben, und nicht deinen Mund, – einen Fremden, und nicht deine eignen Lippen.

Die Sprüche Salomos

Wenn du den Wunsch hast, ehrlich gelobt zu werden, weshalb solltest du das einem anderen verdanken? Lobe dich selbst.

Seneca

Wollt Ihr, daß man Gutes von Euch denkt, so sprecht nicht davon.

Blaise Pascal

Halte dir immer gegenwärtig, welches die Natur des Weltalls und welches die deinige ist, welche Beziehungen diese zu jener hat und welch einen Teil von welchem Ganzen du ausmachst, und dann, daß niemand es dir verwehren kann, dasjenige zu tun oder zu sagen, was mit der Natur, von der du selbst ein Teil bist, übereinstimmt.

Marc Aurel

Die einzige Art, das Schicksal zu unterwerfen, ist die, das Gegenteil des Bösen zu tun, das es zu tun zwingen wollte.

Maurice Maeterlinck

Wär' gut und klug für jedermann dasselbe,
Dann gäb' es keinen Streit auf dieser Welt.
Doch sind, was stimmt und gleich ist bei den Menschen,
Nur Worte: die Begriffe sind verschieden.

Euripides

Das Langweiligste von der Welt ist bekanntlich die reine, weiße, durch nichts gefärbte Vorzüglichkeit.

Theodor Fontane

Würde des Menschen

Nichts mehr davon, ich bitt euch. Zu essen gebt ihm, zu wohnen,
Habt ihr die Blöße bedeckt, gibt sich die Würde von selbst.

Friedrich Schiller

Wir sind unbegränzt frei, nicht in dem was wir machen, sondern was wir entbehren wollen. *Jean Paul*

Worauf es ankommt, was unser Leben veredelt und verklärt, das sind viel weniger unsere Gedanken, als die Gefühle, die sie in uns erwecken. *Maurice Maeterlinck*

Nur durch eines kann sich der Mensch vervollkommnen: wenn er ein für allemal weiß, was gut und was böse ist.

Seneca

Der größte Vorwurf, den wir uns machen können, ist sicherlich der, daß wir die Ideen von Ehre und Gerechtigkeit, die von Zeit zu Zeit in unseren Herzen erstehen, sich verflüchtigen lassen, als ob sie leere Traumgebilde wären. *Stendhal*

Das Göttliche

Edel sei der Mensch,
Hülfreich und gut!
Denn das allein
Unterscheidet ihn
Von allen Wesen,
Die wir kennen.

Johann Wolfgang Goethe

V
Die Geschicke des Lebens

Das Glück begreifen

Theoretisch gibt es eine vollkommene Glücksmöglichkeit: An das Unzerstörbare in sich glauben und *nicht* zu ihm streben.

Franz Kafka

Sich recht anschauend vorzustellen zu lernen, daß niemand vollkommen glücklich ist, ist vielleicht der nächste Weg, vollkommen glücklich zu werden. Es [ist] freilich niemand ganz glücklich, allein es sind sehr große Stufen in unserm Leiden und das ist das Übel.

Georg Christoph Lichtenberg

Alles Vortreffliche bereichert die Zukunft, ist aber auch ein Raub an ihr, denn nie ist ein gleiches möglich.

Friedrich Hebbel

Einen Regenbogen, der eine Viertelstunde steht, sieht man nicht mehr an.

Johann Wolfgang Goethe

Etwas zu wünschen übrig haben, um nicht vor lauter Glück unglücklich zu sein. Der Leib will atmen und der Geist streben. Wer alles besäße, wäre über alles enttäuscht und mißvergnügt. Sogar dem Verstande muß etwas zu wissen übrigbleiben, was die Neugier lockt und die Hoffnung belebt. Übersättigungen an Glück sind tödlich. Beim Belohnen ist es eine Geschicklichkeit, nie gänzlich zufriedenzustellen. Ist nichts mehr zu wünschen, so ist alles zu fürchten: unglückliches Glück! wo der Wunsch aufhört, beginnt die Furcht.

Balthasar Gracián

Idealzustände können nicht länger dauern, als 3 mal 24 Stunden.

Theodor Fontane

Aber so ist das Glück des Menschen, er kann sich dessen nur freuen, wenn es aus der Ferne auf ihn zuwandelt, kömmt es ihm nahe und ergreift seine Hand, so schaudert er oft zusammen, als wenn er die Hand des Todes faßte.

Ludwig Tieck

Der Faule

Rennt dem scheuen Glücke nach!
Freunde, rennt euch alt und schwach!
Ich nehm' teil an eurer Müh':
Die Natur gebietet sie.
Ich, damit ich auch was tu', –
Seh' euch in dem Lehnstuhl zu.

Gotthold Ephraim Lessing

Wie glücklich würde mancher leben, wenn er sich um anderer Leute Sachen so wenig bekümmerte, als um seine eigenen.

Georg Christoph Lichtenberg

Wenn man den Zustand eines Menschen, seiner Glücklichkeit nach, abschätzen will, soll man nicht fragen nach dem, was ihn vergnügt, sondern nach dem, was ihn betrübt: denn, je geringfügiger dieses, an sich selbst genommen, ist, desto glücklicher ist der Mensch; weil ein Zustand des Wohlbefindens dazu gehört, um gegen Kleinigkeiten empfindlich zu sein: im Unglück spüren wir sie gar nicht.

Arthur Schopenhauer

Glücklich ist daher ein Leben, wenn es seiner Natur entspricht. Das kann aber nur erreicht werden, wenn der Geist fürs erste gesund ist und beständig gesund bleibt: sodann wenn er stark und tatkräftig ist, edel und geduldig, in die Zeit sich schickend, auf den Körper und dessen Bedürfnisse sorgsam, aber ohne Ängstlichkeit Bedacht nehmend, aufmerksam auf alles andere, was zum Leben gehört, ohne zu großen Wert auf irgendein einzelnes zu legen, die Gaben des Glücks benutzend, aber ohne ihr Sklave zu sein.

Seneca

Man sollte nicht sprechen von der Kunst, glücklich zu sein, sondern von der Kunst, sich glücklich zu fühlen.

Marie von Ebner-Eschenbach

Das Glück

Glücke läßt sich nimmer zwingen.
Wem sein Tun nicht will gelingen,
muß so lange müßig gehn,
bis sein Stern will besser stehn.

Friedrich von Logau

Schlechtes Gedächtnis. – Der Vorteil des schlechten Gedächtnisses ist, daß man dieselben guten Dinge mehrere Male zum *erstenmal* genießt. *Friedrich Nietzsche*

Es gibt kaum eine größere Enttäuschung, als wenn du mit einer recht großen Freude im Herzen zu gleichgültigen Menschen kommst. *Christian Morgenstern*

Lustige Leute begehen mehr Torheiten, als traurige; aber traurige begehen größere. *Ewald Christian von Kleist*

Es ist sehr leicht, am Anfang des Sommers lustig zu sein. Man hat ein lebhaftes Herz, einen leidlichen Gang und ist dem künftigen Leben ziemlich geneigt.

Franz Kafka an Max Brod

Ein Augenblick, gelebt im Paradiese,
Wird nicht zu teuer mit dem Tod gebüßt.

Friedrich Schiller

Es gibt sehr viele Menschen, die unglücklicher sind als du, gewährt zwar kein Dach, darunter zu wohnen, allein sich bei einem Schauer darunter zu retirieren, ist das Sätzchen gut genug. *Georg Christoph Lichtenberg*

Frage

O Menschenherz, was ist dein Glück?
Ein rätselhaft geborner,
Und, kaum gegrüßt, verlorner,
Unwiederholter Augenblick!

Nikolaus Lenau

Rühme dich nicht des morgenden Tages; denn du weißt nicht, was heute sich begeben mag. *Die Sprüche Salomos*

Glückliches und unglückliches Lebensgeschick ist Sache der Seele. *Demokrit*

Jeder Frühlings-Sonnentag schließt nur für ein paar Menschen, die imstande sind, ihn zu genießen, unter Millionen, die nicht dazu imstande sind, das Glück der Erde und also den Himmel auf. *Wilhelm Raabe*

Alle Zufälle unsers Lebens sind Materialien, aus denen wir machen können, was wir wollen. Wer viel Geist hat, macht viel aus seinem Leben. Jede Bekanntschaft, jeder Vorfall, wäre für den durchaus Geistigen erstes Glied einer unendlichen Reihe, Anfang eines unendlichen Romans.

Novalis

Im Leben verdankt man viel Glück und Unglück nur dem Zufall; aber der innere Frieden hängt nie vom Zufall ab.

Maurice Maeterlinck

Glück wie Unglück ist doch zuletzt nur Stoff, und menschliche Aufgabe, daran zum Künstler zu werden …

Alexander von Villers

Glücksspiele werden verboten – das längste ausgenommen, das Leben.

Jean Paul

Alles, alles rächt sich erst *nachträglich*! Deshalb glauben so viele, daß sie *»fein raus«* sind, obzwar sie zehn Jahre später *»unfein darin«* sind!

Peter Altenberg

Das Glück des Menschen besteht weder im Physischen noch im Materiellen, sondern einzig im aufrechten Sinn und in kluger Umsicht.

Demokrit

... wer Glück liebt, muß auch sein Unglück willkommen heißen. Das ganze Leben ist nicht der Sorge wert.

Ludwig Tieck

Alle Gelegenheit, glücklich zu werden, hilft nichts, wer den Verstand nicht hat, sie zu benutzen.

Johann Peter Hebel

Glücklich sein heißt ohne Schrecken seiner selbst innewerden können.

Walter Benjamin

Freuden, die er nicht begreift, haben etwas Gespenstisches für den Menschen.

Friedrich Hebbel

Das Glück begreifen, daß der Boden auf dem Du stehst, nicht größer sein kann, als die zwei Füße ihn bedecken.

Franz Kafka

Schmerz und Leid

Der Schmerz macht, daß wir die Freude fühlen, so wie das Böse macht, daß wir das Gute erkennen.

Ewald Christian von Kleist

Vom Unglück erst
Zieh ab die Schuld;
Was übrig ist,
Trag in Geduld!

Theodor Storm

Was zu erdulden hart war, dessen sich zu erinnern ist süß.

Seneca

Ein verdienter Sieg kommt fast immer zu spät.

Marie von Ebner-Eschenbach

Wer unglücklich ist, der verdient es zu sein.

Ludwig Börne

Unter den Unglücklichen beklagt man die am wenigsten, die es durch ihre Schuld geworden sind; sie sind aber am meisten zu beklagen. Der Trost eines guten Gewissens fehlt ihnen.

Ewald Christian von Kleist

Das Glück erscheint uns niemals so blind, als wenn es uns nicht hold ist.

La Rochefoucauld

Das ist das menschliche Leben! Bei dem einen raucht der Ofen, wenn der Wind von Nordwesten, bei dem andern, wenn er von Südosten kommt.

Wilhelm Raabe

Mit primitivem Blick gesehn ist die eigentliche, unwidersprechliche, durch nichts außerhalb (Märtyrertum, Opferung für einen Menschen) gestörte Wahrheit nur der körperliche Schmerz.

Franz Kafka

Die Freude verallgemeinert, der Schmerz individualisiert den Menschen.

Friedrich Hebbel

Die Unglücklichen ketten sich so gern aneinander.

Gotthold Ephraim Lessing

Für manche ist das Leben ein Bette, worin sie immer nur gekrümmt liegen können.

Jean Paul

Wir alle sind stark genug, das Unglück anderer zu ertragen.

La Rochefoucauld

Das ist meine allerschlimmste Erfahrung: Der Schmerz macht die meisten Menschen nicht groß, sondern klein.

Christian Morgenstern

Die Menschen nehmen oft ein kleines Ungemach viel schwerer auf und tragen es ungeduldiger als ein großes Unglück, und der ist noch nicht am schlimmsten daran, der viel zu klagen hat und alle Tage etwas anders. Erfahrung und Übung im Unglück lehrt schweigen.

Johann Peter Hebel

Bei einem unglücklichen Ereignis, welches bereits eingetreten, also nicht mehr zu ändern ist, soll man sich nicht ein Mal den Gedanken, daß dem anders sein könnte, noch weniger den, wodurch es hätte abgewendet werden können, erlauben: denn gerade er steigert den Schmerz ins Unerträgliche ...

Arthur Schopenhauer

Wenn es dir übel geht, nimm es für gut nur immer;
Wenn du es übel nimmst, so geht es dir noch schlimmer.

Friedrich Rückert

Klage nicht zu sehr über einen kleinen Schmerz; das Schicksal könnte ihn durch einen größeren heilen!

Friedrich Hebbel

Kein altes Übel ist so groß, daß es nicht
von einem neuen übertroffen werden könnte.

Wilhelm Busch

Allen Vorkommnissen des Lebens gegenüber hat man sich nur immer vorzuhalten, daß man sich doch nur in einer Kinderstube befinde, wo die Unartigen vorwiegen.

Wilhelm Raabe

Jedes noch so harte Joch drückt den, der ruhig darunter geht, weniger als den, der widerstrebt. Das einzige Linderungsmittel bei großen Leiden ist, daß man in Geduld der Notwendigkeit gehorche.

Seneca

Einsichtig ist, wer sich nicht grämt über das, was er nicht hat, sondern sich freut über das, was er hat.

Demokrit

Von allen Heilmitteln der Seele ist die Zeit zwar das wirksamste, aber auch das kostspieligste. Man muß es mit einem unwiederbringlichen Dasein bezahlen.

Karl Gutzkow

O die Wunde des Gewissens wird keine Narbe, und die Zeit kühlt sie nicht mit ihrem Flügel, sondern hält sie bloß offen mit ihrer Sense.

Jean Paul

Schicksalsschläge

Es gibt nur *einen* angeborenen Irrtum, und es ist der, daß wir da sind, um glücklich zu sein.

Arthur Schopenhauer

Jeder verdient sein Schicksal, es fragt sich nur, ob vorher oder nachher.

Friedrich Hebbel

Es wird sehr vieles dem bösen oder guten Willen des einzelnen in die Schuhe geschoben, was doch nur das Schicksal ist und wofür und wogegen einer wie der andere nicht das geringste vermag.

Wilhelm Raabe

Unser Glück liegt nicht in den Dingen, sondern in deren Bewertung durch uns; und der Besitz dessen, was wir lieben, macht glücklich, nicht dessen, was andere liebenswert finden.

La Rochefoucauld

Wenn du dem Winde die Segel ließest, dann würdest du fahren, nicht wohin dein Wille strebte, sondern wohin das Wehen triebe; wenn du den Schollen den Samen vertrautest, würdest du tragende und unfruchtbare Jahre unter sich abwägen. Du hast dich dem Schicksal zur Herrschaft gegeben: du mußt dich in die Gewohnheiten dieses Herrn schicken. Du versuchst den Schwung des rollenden Rades aufzuhalten? Aber, törichtester aller Sterblichen, wenn es zu stehen beginnt, hört es auf, Geschick zu sein!

Boethius

Es ist im Leben wie im Schachspiel: wir entwerfen einen Plan: dieser bleibt jedoch bedingt durch das, was im Schachspiel dem Gegner, im Leben dem Schicksal, zu tun belieben wird. Die Modifikationen, welche hiedurch unser Plan erleidet, sind meistens so groß, daß er in der Ausführung kaum noch an einigen Grundzügen zu erkennen ist.

Arthur Schopenhauer

Überlaß dich ohne Widerstand dem Geschick und laß dich von diesem in die Verhältnisse verflechten, in die es ihm beliebt.

Marc Aurel

Liebe das, was dir widerfährt und zugemessen ist; denn was könnte dir angemessener sein?

Marc Aurel

Man muß sein Brot mit dem Messer schneiden, welches einem das Schicksal, ob stumpf oder scharf, dazu in die Hand gibt.

Wilhelm Raabe

Narrheit ist es, sich nicht in die – im Laufe des Lebens – unvermeidbaren Zwangslagen zu schicken.

Demokrit

Ich muß wollen, ich will müssen. Wer das eine begreifen, das andere üben gelernt hat, der hat die ganze Diätetik der Seele.

Ernst von Feuchtersleben

Der Außenwelt zu zürnen, wäre töricht; sie kümmert sich nicht darum.

Marc Aurel

Nicht durch Verzichten auf das Glück, das uns umgibt, werden wir weise, sondern indem wir weiser werden, lernen wir unversehens auf manches Glück verzichten, das sich nicht mehr bis zu uns erhebt. So läßt das Kind, indem es wächst, ganz von selbst von den Spielen ab, an denen es keine Freude mehr hat. Und wie das Kind im Spielen mehr Dinge lernt, als in der Arbeit, die man ihm auferlegt, so schreitet die Weisheit im Glücke schneller, als sie im Unglück getan hätte.

Maurice Maeterlinck

Unser praktisches, reales Leben nämlich ist, wenn nicht die Leidenschaften es bewegen, langweilig und fade; wenn sie aber es bewegen, wird es bald schmerzlich: darum sind Die allein beglückt, denen irgend ein Überschuß des Intellekts über das zum Dienst ihres Willens erforderte Maß, zu Teil geworden. Denn damit führen sie, neben ihrem wirklichen noch ein intellektuelles Leben, welches sie fortwährend auf eine *schmerzlose* Weise und doch lebhaft beschäftigt und unterhält.

Arthur Schopenhauer

Daß für unser Glück und unsern Genuß das Subjektive ungleich wesentlicher, als das Objektive sei, bestätigt sich in allem: von dem an, daß Hunger der beste Koch ist und der Greis die Göttin des Jünglings gleichgültig ansieht, bis hinauf zum Leben des Genies und des Heiligen. Besonders überwiegt die Gesundheit alle äußern Güter so sehr, daß wahrlich ein gesunder Bettler glücklicher ist, als ein kranker König. *Arthur Schopenhauer*

Im Unglück finden wir meistens die Ruhe wieder, die uns durch die Furcht vor dem Unglück geraubt wurde.

Marie von Ebner-Eschenbach

Unglück. – Die Auszeichnung, welche im Unglück liegt (als ob es ein Zeichen von Flachheit, Anspruchslosigkeit, Gewöhnlichkeit sei, sich glücklich zu fühlen), ist so groß, daß, wenn jemand einmal sagt: »aber wie glücklich Sie sind!« – man gewöhnlich protestiert.

Friedrich Nietzsche

Groß kann man sich im Glück, erhaben nur im Unglück zeigen. *Friedrich Schiller*

Der Starke unterwirft sich auch ergeben, der Schwache stürmt mit Klagen darwider, und der Gemeine staunt dumpf, wenn das Ungeheure geschieht, oder er wird wahnwitzig und begeht Frevel. *Adalbert Stifter*

Das Unglück kommt zu uns, aber es tut in uns nur, was man ihm befiehlt. Es säet, verwüstet oder erntet, je nach der Weisung, die es auf unserer Schwelle eingeschrieben fand. *Maurice Maeterlinck*

Die Quelle unserer Unzufriedenheit liegt in unsern stets erneuerten Versuchen, den Faktor der Ansprüche in die Höhe zu schieben, bei der Unbeweglichkeit des andern Faktors, die es verhindert. *Arthur Schopenhauer*

Der Mensch liebt es, nur sein Unglück zu beachten, sein Glück aber zu übersehen. Würde er aber richtig sehen, so würde er erkennen, daß ihm beides beschert ist.

Fjodor Dostojewskij

Ein ganzes Unglück verdrießt uns nicht so sehr wie ein nur zur Hälfte eingetroffenes Glück. *Karl Gutzkow*

Nach meiner Meinung ist die Furcht vor einem bevorstehenden Unglück heilsam, sie nimmt schon einen Teil des Leidens vorweg. So wie die zu große Hoffnung auf ein kommendes Glück dasselbe schädigt, weil die übermäßige Erwartung enttäuscht wird, so erscheint nach großer Angst vor dem Ungemach dasselbe tatsächlich selten so schlimm, als man sich's vorgestellt.

Peter Rosegger

Meines Erachtens weint man sogar nie unmittelbar über den empfundenen Schmerz, sondern immer nur über dessen Wiederholung in der Reflexion.

Arthur Schopenhauer

Die Leute machen aus der Feuerkohle, an der sie sich verbrannten, gern einen Vesuv. *Friedrich Hebbel*

Denke daran, daß das, was dich wie an unsichtbaren Fäden hin- und herzieht, in deinem Innern verborgen ist.

Marc Aurel

In Arkadien geboren, wie Schiller sagt, sind wir freilich Alle: d.h. wir treten in die Welt, voll Ansprüche auf Glück und Genuß, und hegen die törichte Hoffnung, solche durchzusetzen. In der Regel jedoch kommt bald das Schicksal, packt uns unsanft an und belehrt uns, daß nichts *unser* ist, sondern Alles *sein*, indem es ein unbestrittenes Recht hat, nicht nur auf allen unsern Besitz und Erwerb und auf Weib und Kind, sondern sogar auf Arm und Bein, Auge und Ohr, ja, auf die Nase mitten im Gesicht. *Arthur Schopenhauer*

Tröstungen 1
Alles, was geschieht, ist so gewöhnlich

Verstecke sind unzählige, Rettung nur eine, aber Möglichkeiten der Rettung wieder so viele wie Verstecke.

Franz Kafka

Der Schmerz gleicht der Wünschelrute, deren sich früher die Sucher von Schätzen oder Lebenswassern bedienten: er zeigt dem, der ihn trägt, den Eingang der Zufluchtsstätte an, die den tiefsten Frieden atmet.

Maurice Maeterlinck

So viel sich auch um und in mir ändre: Dieselbe Sonne, die mich als Kind bestrahlte, sieht unverändert mich jetzt an.

Jean Paul

Das Leben, Gott sei Dank, ist kein Tummelplatz großer Gefühle, sondern eine Alltagswohnstube, drin das sogenannte Glück davon abhängt, ob man friert oder warm sitzt, ob der Ofen raucht oder guten Zug hat. Liebe ist gut, aber sie läßt sich nach Minuten berechnen, alles andre hat lange Stunden.

Theodor Fontane

Auch das kleinste Licht hat sein Atmosphärchen.

Marie von Ebner-Eschenbach

Man sucht Zurückgezogenheit auf dem Lande, am Meeresufer, auf dem Gebirge, und auch du hast die Gewohnheit, dich danach lebhaft zu sehnen. Aber das ist bloß Unwissenheit und Schwachheit, da es dir ja freisteht, zu jeder dir beliebigen Stunde dich in dich selbst zurückzuziehen.

Marc Aurel

Ich betrachte den Frühling, als ob er zu mir allein käme, um dankbarer zu sein.

Friedrich Hebbel

Gute Zähne sind mindestens so viel wert wie das Assessorexamen.

Theodor Fontane

Das Empfindungsvermögen des Menschen für die kleinen Dinge und die Unempfindlichkeit für die größten Dinge, ein Zeichen für eine sonderbare Umkehrung.

Blaise Pascal

Wie oft ich gefehlt,
Es sei nicht gezählt;
Doch was ich getroffen,
Läßt mich eine Zukunft hoffen.

Franz Grillparzer

Die Hoffnung mag eintreffen oder nicht, so hat sie doch das Gute, daß sie die Furcht verdrängt.

Jean Paul

Es ist im Nein-Sagen eine ungeheure Kraft und manchmal scheint mir, sie ist so groß, daß man von ihr allein leben könnte.

Elias Canetti

Solange Herz und Auge offen,
Um sich am Schönen zu erfreun,
So lange, darf man freudig hoffen,
Wird auch die Welt vorhanden sein.

Wilhelm Busch

Das Leben hat nur den einen Zweck, in seiner jeweiligen Form überwunden zu werden, wie eine Krankheit. Und wenn man es überwinden will, darf man sich vor nichts fürchten, soll man alles wünschen, gegen alles gleichgiltig sein.

Elisabeth von Österreich

Bildung schmückt die Glücklichen, den Unglücklichen gewährt sie Zuflucht.

Demokrit

Atlas konnte die Meinung haben, er dürfe, wenn er wolle, die Erde fallen lassen und sich wegschleichen; mehr als diese Meinung aber war ihm nicht erlaubt.

Franz Kafka

Allgemeine Not ist katastrophaler als die individuelle, weil es da keine Aussicht auf Beistand (mehr) gibt.

Demokrit

Wenn ein welkes Blatt Glück hat, fliegt es höher als ein Adler.

Gerhart Hauptmann

Das Mißverhältnis der Welt scheint tröstlicherweise nur ein zahlenmäßiges zu sein.

Franz Kafka

Fortgesetzte Mühe wird durch Gewöhnung immer leichter.

Demokrit

Viel mehr Menschen werden tüchtig durch Übung als aufgrund von Naturanlage.

Demokrit

Der Mensch kann mit der Zeit jedes Zustandes Meister werden: sei es durch Verständnis, oder, wo dies unmöglich ist, durch Assimilation. Wie sich der Organismus an Gifte gewöhnt.

Ernst von Feuchtersleben

Gewiß kein Freund der Gärtnerei wäre zufrieden, wenn auf einmal alles reif gewachsen da stände und er nichts zu tun hätte als zu pflücken.

Jean Paul

Dank der glückseligen Natur, daß sie das Notwendige leicht erreichbar und das schwer Erreichbare nicht notwendig gemacht hat!

Epikur

Bemüh dich nur und sei hübsch froh,
Der Ärger kommt schon sowieso.

Wilhelm Busch

Eine zerbrochene Freude drückt uns nur dann nieder, wenn man sie ohne Sinn und Verstand mit sich herumträgt, wie ein Holzfäller, der seine tote Holzlast nie ablegt. Aber das tote Holz ist nicht dazu da, um auf unseren Schultern herumgetragen zu werden; es ist da, um angezündet und in leuchtende Flammen verwandelt zu werden.

Maurice Maeterlinck

… nur das Märchen nimmt einen sich gleichbleibenden Zustand für Glück.

Jacob Burckhardt

Wenn diese ganze Existenz nur provisorisch ist, wozu braucht man die Beständigkeit zu suchen?

Elisabeth von Österreich

Wer ein Unrecht begeht, ist viel unglücklicher, als wer es erleidet.

Demokrit

Leicht resigniert. – Man leidet wenig an versagten Wünschen, wenn man seine Phantasie geübt hat, die Vergangenheit zu verhäßlichen.

Friedrich Nietzsche

Alles, was geschieht, ist so gewöhnlich und bekannt wie die Rose im Frühling und die Frucht zur Erntezeit. Dahin gehören also auch Krankheit und Tod, Verleumdung und Nachstellung und was sonst noch die Toren erfreut oder betrübt.

Marc Aurel

VI

Das gemeinsame Schicksal

Da wir nun einmal Menschen sind

Jeder von uns ist nur ein Mensch, nur ein Versuch, ein Unterwegs. Er soll aber dorthin unterwegs sein, wo das Vollkommene ist, er soll ins Zentrum streben, nicht an die Peripherie.

Hermann Hesse

Die Irrtümer des Menschen machen ihn eigentlich liebenswürdig.

Johann Wolfgang Goethe

Wodurch der Mensch sich den Tag verdirbt in Ärger, Sorgen, Kummer und Erbosung, ist gleichgültig: *daß* er es tut und tun *muß*, das ist die Hauptsache.

Wilhelm Raabe

Ursache der Wirkungen.

Die Schwäche des Menschen ist der Grund für so viele schöne Dinge, die man einführt, so etwa ist gut Laute spielen zu können nur unserer Schwäche wegen ein Übel.

Blaise Pascal

Wir schwachen Menschen leben lieber von den Vorschüssen, die wir der Zukunft abborgen, als von den zwar mäßigen, aber sichern Renten der Vergangenheit.

Karl Gutzkow

Menschheit ist eine humoristische Rolle.

Novalis

Die Gegenstände der gesellschaftlichen Unterhaltung sind nichts, als Mittel der Belebung. Dies bestimmt ihre Wahl, ihren Wechsel, ihre Behandlung. Die Gesellschaft ist nichts, als gemeinschaftliches Leben: eine unteilbare denkende und fühlende Person. Jeder Mensch ist eine kleine Gesellschaft.

Novalis

Ich verachte niemanden, am wenigsten wegen seines Verstandes oder seiner Bildung, weil es in niemands Gewalt liegt, kein Dummkopf oder kein Verbrecher zu werden, – weil wir durch gleiche Umstände wohl alle gleich würden, und weil die Umstände außer uns liegen.

Georg Büchner

Der Mensch: das Durchschnittsprodukt von Natur und Bildung.

Friedrich Hebbel

Wenn du die Geschichte eines großen Verbrechers liest, so danke immer, ehe du ihn verdammst, dem gütigen Himmel, der dich mit deinem ehrlichen Gesicht nicht an den Anfang einer solchen Reihe von Umständen gestellt hat.

Georg Christoph Lichtenberg

Wer aber Segen genießt und an Schönheit andern voransteht
und als Bester in Wettkämpfen seine Stärke bewies,
soll daran denken, daß er in sterbliche Glieder gehüllt ist
und sich zuallerletzt in Erde kleiden wird.

Pindar

Das gemeinsame Schicksal

Siehe, wir hassen, wir streiten, es trennet uns Neigung und Meinung
Aber es bleichet indes dir sich die Locke wie mir.

Friedrich Schiller

Im Wagen verachte ich den Fußgänger, auf der Straße den Fahrer.

Jean Paul

Allgemeines Menschenlos: sich bei *Kleinigkeiten* auf dem Wege zum Tod aufhalten zu *müssen.*

Wilhelm Raabe

Wenn man unsere menschlichen Beziehungen auf solche ewige Dinge, wie es die Blumen oder die Hummeln sind, überträgt, sieht man, wie lächerlich unser Menschentum ist.

Elisabeth von Österreich

Zu Hause sein.

Wie sich der ganze Wirrwarr der Gefühle verlieret und ordnet, wenn man aus dem fremden heimkehrt in seine 4 Wände! Nur zu Hause ist der Mensch ganz.

Jean Paul

Ich vertrage mich leicht mit jedem, der sich mit sich selbst verträgt.

Friedrich Heinrich Jacobi

Bei den meisten Menschen ist die Ruhe nichts als Erstarrung und die Bewegung nichts als Raserei.

Epikur

Wen man schlafen sah, den kann man nie mehr hassen.

Elias Canetti

Vernünftige Betrachtung

Warum plagen wir einer den andern? Das Leben zerrinnet,
Und es versammelt uns nur einmal wie heute die Zeit.

Johann Wolfgang Goethe

Wie liebenswürdig ist der Mensch, wenn er Mensch ist.

Menander

Jeder Mensch trägt einen Zauber im Gesicht: irgendeinem gefällt er. *Friedrich Hebbel*

Man muß an jedem Menschen so lange suchen bis man den individuellen Punkt ausfindet, wo er originell ist.

Jean Paul

Der Zorn und Kummer, den wir durch die Handlungen der Menschen empfinden, sind härter für uns als diese Handlungen selbst, über die wir uns erzürnen und betrüben. *Marc Aurel*

Es gibt nur zwei Arten von Menschen; die einen sind Gerechte, die sich für Sünder halten, die anderen sind Sünder, die sich für Gerechte halten. *Blaise Pascal*

Alle Menschen haben eine Ahndung und Idee der Wahrheit in sich; in einigen aber rührt sich der heilige Trieb zu Erkenntnis lebendiger. *Matthias Claudius*

Den andern zum Vorbild. – Wer ein gutes Beispiel geben will, muß seiner Tugend ein Gran Narrheit zusetzen:

dann ahmt man nach und erhebt sich zugleich über den Nachgeahmten, – was die Menschen lieben.

Friedrich Nietzsche

Jeder Mensch will sich ununterbrochen über irgend etwas *hinwegtäuschen.* Dazu sollen ihm *die anderen* behilflich sein. Die es *nicht* tun, sind dann »unliebenswürdige Naturen«!

Peter Altenberg

Es gibt keine Seele, die nicht ihr Wattenmeer hätte, in dem zu Zeiten der Ebbe jedermann spazierengehen kann.

Christian Morgenstern

Wenn die Menschen Meinungen wechseln, so entsteht nur gar zu oft ein blindes Spiel des Zufalls daraus, aus dem Wunsche, sich mitzuteilen, entsteht die Sucht zu streiten, und wir widersprechen oft, statt uns zu bemühen, die Worte des andern zu verstehen.

Ludwig Tieck

Wenn man von den Leuten Pflichten fordert und ihnen keine Rechte zugestehen will, muß man sie gut bezahlen.

Johann Wolfgang Goethe

Nur ein Bild kann einem *ganz* gefallen, aber nie ein Mensch. Der Ursprung der Engel.

Elias Canetti

Falschheit nur und Verstellung ist in dem Umgang
der Menschen,
Keiner erscheint, wie er ist – danke dem Himmel
mein Freund.

Johann Wolfgang Goethe / Friedrich Schiller

Das Herz kennt sein eigen Leid, und in seine Freude kann sich kein Fremder mengen. *Die Sprüche Salomos*

Wenn wir den Glauben an Personen verlieren, so verlieren wir noch mehr den Glauben an die Allgemeinheiten.

Friedrich Heinrich Jacobi

Die Menschen sind füreinander da. Also belehre oder dulde sie. *Marc Aurel*

Die Erfindung der Hölle ist das Ungeheuerlichste, und wie man nach dieser Erfindung noch irgend etwas Gutes von den Menschen erwarten kann, ist schwer zu begreifen. Werden sie nicht *immer* Höllen erfinden müssen?

Elias Canetti

Der Mensch kann nicht leben ohne ein dauerndes Vertrauen zu etwas Unzerstörbarem in sich, wobei sowohl das Unzerstörbare als auch das Vertrauen ihm dauernd unbekannt bleiben können. Eine der Ausdrucksmöglichkeiten dieses Verborgenbleibens ist der Glaube an einen persönlichen Gott.

Franz Kafka

Es ist angemessen, da wir nun einmal Menschen sind, über menschliches Mißgeschick nicht zu lachen, sondern zu weinen.

Demokrit

Der Mensch liebt die Gesellschaft

Das Wichtigste für den Menschen ist der Mensch, da liegt nicht bloß sein Glück, da liegt auch seine Gesundheit.

Theodor Fontane an seinen Sohn Theodor

Wir leben immer in Beziehung auf unsere Mitmenschen; diese unsere Beschaffenheit, sie mag angelernt oder angeboren sein, bringt uns mehr Nachteile als Vorteile; wir betrügen uns um das, was wir wirklich brauchen können, weil wir uns äußerlich auf die öffentliche Meinung einstellen: es liegt uns nicht soviel daran, wie unser Wesen innerlich und in Wirklichkeit beschaffen ist, als daran, wie es sich vor der Öffentlichkeit ausnimmt.

Michel de Montaigne

Das Familienleben ist ein Eingriff in das Privatleben.

Karl Kraus

Was uns neue Bekanntschaften reizvoll macht, ist nicht so sehr der Überdruß an den alten oder Vergnügen am Wechsel, als die Befürchtung, von denen, die uns zu gut kennen, nicht genug, und die Hoffnung, von denen, die uns noch nicht so gut kennen, mehr bewundert zu werden.

La Rochefoucauld

Wie das Echo immer vielsilbiger wird, je weiter unser Ruf absteht, so muß die Seele, aus der wir ein schöneres begehren, nicht zu nahe an unsrer sein; und daher nimmt mit der Ferne der Leiber die Nähe der Seelen zu.

Jean Paul

Verkehr mit Menschen verführt zu Selbstbeobachtung.

Franz Kafka

Der Schlüssel

Willst du dich selber erkennen, so sieh wie die andern es treiben,
Willst du die andern verstehn, blick in dein eigenes Herz.

Friedrich Schiller

Die Gemeinschaft der Menschen besteht nicht von Natur, sondern um des Zuträglichen und des Bedürfnisses willen.

Epikur

Langeweile.

Nichts ist dem Menschen so unerträglich, als wenn er sich in vollkommener Ruhe befindet, ohne Leidenschaften, ohne Beschäftigungen, ohne Zerstreuungen, ohne Betriebsamkeit.

Dann fühlt er seine Nichtigkeit, seine Verlassenheit, seine Unzulänglichkeit, seine Abhängigkeit, seine Ohnmacht, seine Leere.

Sogleich werden vom Grunde seiner Seele die Langeweile, der Trübsinn, die Traurigkeit, der Kummer, der Verdruß und die Verzweiflung aufsteigen.

Blaise Pascal

Die Natur hat uns als Blutsverwandte geschaffen, indem sie uns aus denselben Stoffen für ein und dieselbe Bestimmung erzeugte. Sie hat uns die Liebe zueinander eingegeben und uns zu geselligen Wesen gemacht.

Seneca

Gesellschaftstrieb ist Organisationstrieb. Durch diese geistige Assimilation entsteht oft aus gemeinen Bestandteilen eine gute Gesellschaft um einen geistvollen Menschen her.

Novalis

Wer keinen Menschen liebt, wird, wie mir scheint, auch von keinem (wieder)geliebt.

Demokrit

Allein kann der Mensch nicht wohl bestehen, daher schlägt er sich gern zu einer Partei, weil er da, wenn auch nicht Ruhe, doch Beruhigung und Sicherheit findet.

Johann Wolfgang Goethe

Mut. Die Ursache, warum 1 Mensch neben einem andern so viel mehr Mut hat als allein, liegt tiefer. Das *Allein*sein ist uns der fürchterlichste Gedanke der Schöpfung; und eine Furcht, die nie recht aus uns will.

Jean Paul

Geschäftigkeit ist, für eine gewisse Art Leute, ein Zeichen von Bedeutung und Würde; ihr Geist sucht seine Ruhe in der Bewegung wie die Kinder in der Wiege: sie sind ihren Freunden ebenso zu Diensten wie sich selber zur Last. Niemand verteilt sein Geld an andere, jedermann seine Zeit und sein Leben.

Michel de Montaigne

Die Menschen denken über die Vorfälle des Lebens nicht so verschieden, als sie darüber sprechen.

Georg Christoph Lichtenberg

Sich mitzuteilen ist Natur; Mitgeteiltes aufzunehmen, wie es gegeben wird, ist Bildung.

Johann Wolfgang Goethe

Der Mensch liebt die Gesellschaft, und sollte es auch nur die von einem brennenden Rauchkerzchen sein.

Georg Christoph Lichtenberg

Einsamkeit ist eine starke Nahrung

Sich oft sehen und plaudern und gegenseitig besuchen, ist eine Freude; *zusammen leben* ist immer eine Gefahr.

Theodor Fontane

Die Einsamkeit ist so nötig, daß man neben einem andern gar nicht frei denken kann, weil man sein Denken sich mit denkt.

Jean Paul

Verkehr als Genuß. – Hält sich einer, mit entsagendem Sinne, absichtlich in der Einsamkeit, so kann er sich dadurch den Verkehr mit Menschen, selten genossen, zum Leckerbissen machen.

Friedrich Nietzsche

Nur die Leute sind und tun was, die *allein* stehen.

Wilhelm Raabe

Wie kleine Gegenstände, dem Auge nahe gehalten, unser Gesichtsfeld beschränkend, die Welt verdecken, – so werden oft die Menschen und Dinge unserer *nächsten Umgebung*, so höchst unbedeutend und gleichgültig sie auch seien, unsere Aufmerksamkeit und Gedanken über die Gebühr beschäftigen, dazu noch oft auf unerfreuliche Weise, und wichtige Gedanken und Angelegenheiten verdrängen. Dem soll man entgegenarbeiten.

Arthur Schopenhauer

Es ist noch nie jemand unglücklich geworden, weil er sich nicht um das, was in der Seele eines andern vorgeht, gekümmert hat; aber diejenigen, die nicht mit Aufmerksamkeit den Bewegungen ihrer eigenen Seele folgen, geraten notwendig ins Unglück.

Marc Aurel

Man kommt leichter zu jedem andern als zu sich.

Jean Paul

Halt dich entfernt, teil dich nicht Jedem mit,
Und flieh die Schwätzer, Lungrer, Schmecker,
Sieh nur, es ist ein kleiner Schritt
Vom Teller- bis zum Speichel-Lecker.

Franz Grillparzer

Was ist's eigentlich, was dir der Nebenmensch entgelten soll? Daß er nicht aus seiner Haut heraus kann. Steige erst mal aus deiner!

Wilhelm Raabe

Wenn ich eine schlechte Gesellschaft los bin, empfinde ich erst recht, wie gut meine eigene ist.

Friedrich Hebbel

Mit sich selbst ist man nicht immer in der vornehmsten Gesellschaft.

Wilhelm Busch

Küh und Schafe gehen miteinander, aber der Adler steigt allein.

Deutsches Sprichwort

Überlege wohl, bevor du dich der Einsamkeit ergibst, ob du auch für dich selbst ein heilsamer Umgang bist.

Marie von Ebner-Eschenbach

Der Mensch ist nie allein – das Selbstbewußtsein macht, daß immer 2 Ichs in einer Stube sind.

Jean Paul

Stummheit gehört zu den Attributen der Vollkommenheit.

Franz Kafka

Reden kommt von Natur, Schweigen vom Verstande.

Deutsches Sprichwort

Mein Leben an einem Tage ohne Einsamkeit ist das Leben des Fisches in einem Teiche ohne Wasser.

Gerhart Hauptmann

Nichts bist du, nichts ohne die andern. Der verbissenste Misanthrop braucht die Menschen doch, wenn auch nur, um sie zu verachten. *Marie von Ebner-Eschenbach*

Die Misanthropie im Alter ist weniger Haß gegen als Übersättigung mit Menschen. *Jean Paul*

Sechzehn Wochen Einsamkeit und Schnitzel ist nicht auszuhalten. *Theodor Fontane*

Einsamkeit ist das Los aller hervorragenden Geister: sie werden solche bisweilen beseufzen; aber stets sie als das kleinere von zwei Übeln erwählen. *Arthur Schopenhauer*

Die feste Abgegrenztheit der menschlichen Körper ist schauerlich. *Franz Kafka*

Einander kennen? Wir müßten uns die Schädeldecken aufbrechen und die Gedanken einander aus den Hirnfasern zerren.

Georg Büchner

Es gibt nichts so Grauenvolles wie die Fremdheit derer, die sich kennen.

Gerhart Hauptmann

... was kann denn am Ende der arme Mensch von einem andern Nebenmenschen abmalen, sich selbst vorstellen – lieben oder hassen – als das Bild, das er sich von ihm zu machen versteht, da das Ich des andern so wüstenweit von ihm getrennt ist wie kaum Weltsysteme, die wir doch durch Gläser aus ihrem Himmel ziehen?

Adalbert Stifter

Weil mich Geselligkeit mit Vielen nicht vereint,
Hält man mich hie und da für einen Menschenfeind.
Euch flieht nur mein Verstand, mein Herz ist euch geblieben,
Und ich entferne mich, um fürder euch zu lieben.

Franz Grillparzer

Nur der Einsame findet den Wald; wo ihn mehrere suchen, da flieht er, und nur die Bäume bleiben zurück.

Peter Rosegger

Ganz *er selbst sein* darf jeder nur so lange er allein ist: wer also nicht die Einsamkeit liebt, der liebt auch nicht die Freiheit: denn nur wann man allein ist, ist man frei.

Arthur Schopenhauer

Hüte dich vor dem Augenblick, da du anfängst, auf deine Einsamkeit stolz zu werden; im nächsten schon wacht die Sehnsucht nach Menschen in dir auf.

Arthur Schnitzler

Die Einsamkeit ist zum Genusse des eigenen Herzens und der Liebe nötig. Wer aber Erfolg haben will, muß sich in der Welt getummelt haben.

Stendhal

... die Einsamkeit ist eine starke Nahrung.

Elisabeth von Österreich

Sehnsüchte und Träume

Die Natur hätte den Menschen nicht hervorbringen können, wenn sie sich seinen Hoffnungen und Wünschen nicht gewachsen fühlte. Die gehören zu ihm, wie das Wasser zum Fisch.

Friedrich Hebbel

Täglich begrüß' ich den Tag mit Hoffnung und allerlei Wünschen,
Bin ich so täglich gefoppt, äfft mich im Schlaf noch der Traum.

Ferdinand Sauter

... da ja nicht geschehen kann, was Ihr Euch wünscht,
So wünscht Euch nun, was möglich ist!

Terenz

Jeder hat Wünsche und wenn die Wünsche mit Pflichten in Konflikt kommen, so kuckt man sich die Pflichten noch mal an und findet, wenn es irgend geht, daß es damit so bindend und pressant nicht liegt, und daß die Wünsche auch wieder eine Pflicht-Erfüllung in sich schließen.

Theodor Fontane

Was ist alle Kunst? Sie gestaltet unsere Sehnsucht.

Egon Friedell

Bisweilen glauben wir, uns nach einem fernen *Orte* zurückzusehnen, während wir eigentlich uns nur nach der *Zeit* zurücksehnen, die wir dort verlebt haben, da wir jünger und frischer waren. So täuscht uns alsdann die Zeit unter der Maske des Raumes. Reisen wir hin, so werden wir der Täuschung inne.

Arthur Schopenhauer

Wie rasch hat das Fliegen, dieser uralte, kostbare Traum, jeden Reiz, jeden Sinn, seine Seele verloren. So erfüllen sich die Träume, einer nach dem anderen, zu Tode. Kannst du einen *neuen* Traum haben? *Elias Canetti*

Unsere Träume sind immer schöner, wenn wir sie nicht verwirklichen. *Elisabeth von Österreich*

Daß Leute, die hinken, dem Fliegen näher zu sein glauben als Leute, die gehn. Und dabei spricht sogar manches für ihre Meinung. Wofür spräche nicht manches?

Franz Kafka

Es ist eine bekannte Tatsache, daß Träume oft viel stärker auf uns wirken als wirkliche Erlebnisse. Woher kommt das? Weil das Erlebnis immer eine viel geringere Realität hat als die Phantasie. *Egon Friedell*

Das Leben ist kein Traum. Es wird nur zum Traume durch die Schuld des Menschen, dessen Seele dem Rufe des Erwachens nicht folgt. *Ernst von Feuchtersleben*

Jeder Traum, auch der süßeste, hat etwas Quälendes.

Gerhart Hauptmann

Nach einem bösen Traum sieht man, welchen Stoff zu einer Hölle ein bloßes Gehirn in sich aufbewahrt.

Jean Paul

Niemand kann das erträumen, was nicht in ihm bereits im Keime eingeschlossen liegt! Man erträumt nur seine eigenen Wirklichkeiten – – – seine idealen Möglichkeiten!

Peter Altenberg

Wenn Leute ihre Träume aufrichtig erzählen wollten, da ließe sich der Charakter eher daraus erraten, als aus dem Gesicht.

Georg Christoph Lichtenberg

Der Traum. – Unsere Träume sind, wenn sie einmal ausnahmsweise gelingen und vollkommen werden – für gewöhnlich ist der Traum eine Pfuscher-Arbeit –, symbolische Szenen- und Bilder-Ketten an Stelle einer erzählenden Dichter-Sprache; sie umschreiben unsere Erlebnisse und Erwartungen oder Verhältnisse mit dichterischer Kühnheit und Bestimmtheit, daß wir dann morgens immer über uns erstaunt sind, wenn wir uns unserer Träume erinnern. Wir verbrauchen im Traume zu viel Künstlerisches – und sind deshalb am Tage oft zu arm daran.

Friedrich Nietzsche

Dem Traume sind wir mehr Geschöpfe als Schöpfer; das Leben wird uns gereicht, aber wir ordnen es nicht, sondern wir unterordnen uns ihm.

Jean Paul

Wer zu den Traumdeutern geht, verschleudert sein bestes Gut und verdient die Sklaverei, in die er so unweigerlich gerät. *Elias Canetti*

Hoffen und Wünschen und Sehnen, es ist nur leidige Krankheit,
Wirfst du den Ballast ins Meer, segelst du sicher und froh.

Ferdinand Sauter

Nichts ist erquickender als von unsern Wünschen zu reden, wenn sie schon in Erfüllung gehn. *Novalis*

Der Mensch lebt von seinen Illusionen.

Wilhelm Raabe

Furcht und Hoffnung schaden in gleicher Weise den Menschen;
über sie beide doch als böse Dämonen ihr Amt.

Theognis

Es gibt nun einmal keine ewigen Werte: ewig ist nur unsre Sehnsucht nach ihnen. *Egon Friedell*

Eigentlich ist es ein Glück, ein Lebelang an einer Sehnsucht zu lutschen ... *Theodor Fontane*

VII
Regeln der Geselligkeit

Die Wissenschaft vom Umgang mit den Menschen

Der Mensch ist an drei Proben zu erkennen. Erstlich: Erzürne ihn. Zweitens: Berausche ihn. Drittens: Teile mit ihm ein Erbe. Wenn er in der letzten Probe nicht mankiert, so ist er probat. *Johann Peter Hebel*

»Er mißfällt mir.« – Warum? – »Ich bin ihm nicht gewachsen.« – Hat je ein Mensch so geantwortet?

Friedrich Nietzsche

Gespräche allgemeiner Natur müssen eine perfid versteckte Spitze gegen irgend jemanden an unserem Stammtische besitzen; es ist wie die Würze zu Speisen; man verdaut sie dann besser! *Peter Altenberg*

Neben manchem andern sondern die Menschen auch Gesprochnes ab. Man muß das nicht gar so wichtig nehmen. *Kurt Tucholsky*

Vertraulichkeit trägt mehr zur Konversation bei als der Geist.

La Rochefoucauld

Gegen die Vertraulichen. – Leute, welche uns ihr volles Vertrauen schenken, glauben dadurch ein Recht auf das unsrige zu haben. Dies ist ein Fehlschluß; durch Geschenke erwirbt man sich keine Rechte.

Friedrich Nietzsche

Verschwiegenheit fordern ist nicht das Mittel, sie zu erlangen.

Johann Wolfgang Goethe

Wir sind geborene Polizisten. Was ist Klatsch andres als Unterhaltung von Polizisten ohne Exekutivgewalt.

Christian Morgenstern

Über das Kommen mancher Leute tröstet uns nichts als – die Hoffnung auf ihr Gehen.

Marie von Ebner-Eschenbach

Ein Mann mit großen Ideen ist ein unbequemer Nachbar.

Marie von Ebner-Eschenbach

Gegen große Vorzüge eines andern gibt es kein Rettungsmittel als die Liebe.

Johann Wolfgang Goethe

Das wichtigste im menschlichen Verkehr bleibt immer: die Leute bei schlechtem Gewissen zu erhalten.

Arthur Schnitzler

Immer listig sein ist das Kennzeichen kleiner Geister, und fast immer, wenn man sich dadurch auf der einen Seite deckt, gibt man sich auf der andern eine Blöße.

La Rochefoucauld

Du sollst nicht rechten und richten;
Du wirst es doch nicht schlichten.

Rahel Varnhagen

Um durch die Welt zu kommen, ist es zweckmäßig, einen großen Vorrat von *Vorsicht* und *Nachsicht* mitzunehmen: durch erstere wird man vor Schaden und Verlust, durch letztere vor Streit und Händeln geschützt.

Arthur Schopenhauer

Ein Messer wetzt das andere und ein Mann den andern.

Die Sprüche Salomos

Wir sind so gewohnt, uns vor anderen zu verstellen, daß wir uns am Ende vor uns selbst verstellen.

La Rochefoucauld

Weil die Menschen sehr geneigt zum Aufschieben und zur Langsamkeit sind, und gemeiniglich das, was um 5 Uhr des Morgens vor sich gehen soll, erst um 6 Uhr geschieht, so kann man sicher darauf rechnen, daß man die Oberhand in einer Sache behält, wenn man alles ohne den geringsten Verzug unternimmt.

Georg Christoph Lichtenberg

Früh-Aufstehen

Ich muß früh aufstehen. Meine Feinde stehen noch früher auf. Man darf sich von den Geschäftemachern nicht in den A-B-C-Tugenden schon übertreffen lassen.

Heimito von Doderer

Wo alle Leute so früh als möglich kommen wollen, da muß notwendig bei weitem der größere Teil zu spät kommen.

Georg Christoph Lichtenberg

Die Leute, die niemals Zeit haben, tun am wenigsten.

Georg Christoph Lichtenberg

Es ist schwerer, sich von andern nicht beherrschen zu lassen, als andere zu beherrschen. *La Rochefoucauld*

Es ist dem Menschen leichter und geläufiger, zu schmeicheln als zu loben. *Jean Paul*

Jeder sieht am Andern nur so viel, als er selbst auch ist: denn er kann ihn nur nach Maßgabe seiner eigenen Intelligenz fassen und verstehn. *Arthur Schopenhauer*

Demütigung. – Findet jemand in einem geschenkten Sack Vorteil auch nur ein Korn Demütigung, so macht er doch noch eine böse Miene zum guten Spiele.

Friedrich Nietzsche

Gaben müssen den Beschenkten so tief betreffen, daß er erschrickt. *Walter Benjamin*

Guter Rat

Hast du Verstand und ein Herz, so zeige nur eines von beiden;
Beides verdammen sie dir, zeigest du beides zugleich.

Friedrich Hölderlin

Man schätzt uns im täglichen Handel und Wandel mehr wegen unserer Fehler als wegen unserer guten Eigenschaften.

La Rochefoucauld

Wenn wir über jemanden umlernen müssen, so rechnen wir ihm die Unbequemlichkeit hart an, die er uns damit macht.

Friedrich Nietzsche

Takt. Es ist ein feiner Gedanke, dem andern das Gefühl zu lassen, als sage er etwas Neues oder sage das Alte auf eine nicht ganz erwartete Weise, und eine schlechte Gewohnheit, zu tun, als ob sich jedes seiner Urteile von selbst verstehe.

Christian Morgenstern

Takt ist, es immer instinktiv zu *spüren*, was die anderen noch von dir vertragen!

Peter Altenberg

Alles vermag die Menschheit zu verzeihen: Torheiten, Lügen, Laster, ja sogar Verbrechen, nur eines nicht: die Taktlosigkeit.

Egon Friedell

Höflichkeit

Unter Höflichkeit verstehe ich die Übung, mich selbst jederzeit einem Anderen aus dem Wege zu räumen. Deshalb ist das Zurücktreten vor der Tür ein Symbol, das alle anderen Formen der Höflichkeit einschließt.

Heimito von Doderer

Das Hutabnehmen ist eine Abkürzung unsres Körpers, ein Kleinermachen.

Georg Christoph Lichtenberg

Man muß niemand fürchten als sich selbst.

Ludwig Börne

Vorsicht und Mißtrauen sind gute Dinge, nur sind auch ihnen gegenüber Vorsicht und Mißtrauen nötig.

Christian Morgenstern

Mißtrauen kommt nie zu früh, aber oft zu spät.

Johann Gottfried Seume

Aus dem Traume deuten. – Was man mitunter im Wachen nicht genau weiß und fühlt – ob man gegen eine Person ein gutes oder ein schlechtes Gewissen habe – darüber belehrt völlig unzweideutig der Traum.

Friedrich Nietzsche

... denn es ist keine Neigung, keine Gewohnheit so stark, daß sie gegen die Mißreden vorzüglicher Menschen, in die man Vertrauen setzt, auf die Länge sich erhalten könnte.

Johann Wolfgang Goethe

Die Menschenhaut im natürlichen Zustande ist zu dünn für diese Welt, deshalb sorgt der Mensch dafür, daß sie dicker wird. Die Methode wäre unanfechtbar, wenn man das Wachstum stoppen könnte. Ein Stück präpariertes Leder zum Beispiel bleibt, aber eine Haut wächst, sie wird dicker und dicker.

Bert Brecht

Die Wissenschaft vom Umgang mit den Menschen ist übrigens eine sehr nützliche Wissenschaft. Sie erleichtert, wie Anmut und Schönheit, die erste Fühlungsnahme, aus der sich geselliger und freundschaftlicher Verkehr entwickeln kann; es ist, als ob sie uns ein Tor aufschlösse: wir können dann von den Mitmenschen lernen und zugleich ihnen zeigen und vor ihnen zur Geltung bringen, was in uns steckt, vorausgesetzt, daß etwas da ist, was die Mitteilung und die Beachtung lohnt.

Michel de Montaigne

Mann und Frau

Wenn eine Frau sagt »jeder«, meint sie: jedermann. Wenn ein Mann sagt »jeder«, meint er: jeder Mann.

Marie von Ebner-Eschenbach

Es gibt keinen ärgern Tyrannen, als den gemeinen Mann im häuslichen Kreise.

Friedrich Hebbel

Der Mann legt die Frauenseele auf das Prokrustesbett seiner Bedürfnisse.

Peter Altenberg

Ich will zugeben, daß die jungen Mädchen weniger körperliche Kräfte haben als die Knaben. Wenn man aber daraus auf den Geist schließen wollte, so müßten Voltaire und D'Alembert, die ersten Köpfe ihres Jahrhunderts, auch berühmte Boxer gewesen sein.

Stendhal

Man fordere nicht Wahrhaftigkeit von den Frauen, solange man sie in dem Glauben erzieht, ihr vornehmster Lebenszweck sei – zu gefallen.

Marie von Ebner-Eschenbach

Wenn ich Weltgeschichte lese und irgendeine Tat oder Erscheinung mich frappiert, so möchte ich manchmal das Weib sehen, das als geheime Triebfeder dahintersteckt (als Agens mittel- oder unmittelbar) – Die Weiber regieren, obgleich der »Moniteur« nur Männernamen verzeichnet – sie machen Geschichte, obgleich der Historiker nur Männernamen kennt ... *Heinrich Heine*

Die Männer haben immer zu tun und schicken die Seele auswärts, die Weiber müssen den ganzen Tag daheim bei ihrem Herzen bleiben. *Jean Paul*

Wenn man gar nicht einmal die Geschlechter an den Kleidungen erkennen könnte, sondern auch noch sogar das Geschlecht erraten müßte, so würde eine neue Welt von Liebe entstehen. *Georg Christoph Lichtenberg*

Ein Mann, der sich im Gespräche mit seiner Frau widerlegt fühlt, fängt sogleich an, sie zu überschreien: Er will und kann beweisen, daß ihm immer, auch wenn er falsch singt, die erste Stimme gebührt.

Marie von Ebner-Eschenbach

Ob die Weiber so viel Vernunft haben als die Männer, mag ich nicht entscheiden; aber sie haben ganz gewiß nicht so viel Unvernunft. *Johann Gottfried Seume*

Je kräftiger und geistreicher und größer zwei Menschen sind, desto weniger vertragen sie sich unter *einem* Dekkenstück, wie große Insekten, die von *Früchten* leben, ungesellig sind (z. B. in jeder Haselnuß sitzt nur *ein* Käfer), indes die kleinen, die nur von *Blättern* zehren, z. B. die Blattläuse, nesterweise beisammenkleben.

Jean Paul

Eine gescheite Frau hat Millionen geborener Feinde: – alle dummen Männer. *Marie von Ebner-Eschenbach*

Freunde

Die Freundschaft, die nicht Weisheit knüpfte, kann Torheit leicht auflösen. *William Shakespeare*

Die Freundschaft der meisten Menschen ist nur eine Vorbereitung auf die Feindschaft. *Friedrich Hebbel*

Dieser ist mir der Freund, der mit mir Strebendem wandelt;
Lädt er zum Sitzen mich ein, stehl ich für heute mich weg.

Johann Wolfgang Goethe

Nur Arbeitsame sich zu Freunden machen. – Der Müßige ist seinen Freunden gefährlich: denn weil er nicht genug zu tun hat, redet er davon, was seine Freunde tun und nicht tun, mischt sich endlich hinein und macht sich beschwerlich: weshalb man klugerweise nur mit Arbeitsamen Freundschaft schließen soll. *Friedrich Nietzsche*

In ein Stammbuch 1779

Wer Freunde sucht, ist sie zu finden wert:
Wer keinen hat, hat keinen noch begehrt.

Gotthold Ephraim Lessing

Wer sucht findet nicht, wer nicht sucht, wird gefunden.

Franz Kafka

Es gibt wenig aufrichtige Freunde – die Nachfrage ist auch gering. *Marie von Ebner-Eschenbach*

Wer mehr, als einen Freund verlangt, verdient keinen.

Friedrich Hebbel

Trau' keinem Freunde sonder Mängel
Und lieb' ein Mädchen, keinen Engel.

Gotthold Ephraim Lessing

Es sind auch etliche Tischfreunde, und halten nicht in der Not.

Das Buch Jesus Sirach

Die unter den Freunden, welche am seltensten sind, erfreuen am meisten.

Demokrit

Nicht viel sind tausend Freund, ein einz'ger Feind ist viel;
Denn diesem ist es Ernst, und jenen nur ein Spiel.

Friedrich Rückert

Die Freunde nennen sich aufrichtig; die Feinde sind es: daher man ihren Tadel zur Selbsterkenntnis benutzen sollte, als eine bittere Arznei. –

Arthur Schopenhauer

Freund und Feind

Teuer ist mir der Freund, doch auch den Feind kann ich nützen,
Zeigt mir der Freund was ich kann, lehrt mich der Feind was ich soll.

Friedrich Schiller

Ein wahrer Freund trägt mehr zu unserem Glück bei als tausend Feinde zu unserem Unglück.

Marie von Ebner-Eschenbach

Wenn man einen Menschen als Freund ansieht, so hat er nichts davon, als daß man ihn ebenso schlecht, unhöflich, und *hart* behandelt, als sich selbst ...

Rahel Varnhagen an David Veit

Mangel an Vertraulichkeit. – Mangel an Vertraulichkeit unter Freunden ist ein Fehler, der nicht gerügt werden kann, ohne unheilbar zu werden.

Friedrich Nietzsche

Was uns gewöhnlich hindert, unsere Freunde auf den Grund unseres Herzens blicken zu lassen, ist nicht so sehr Mißtrauen gegen sie als gegen uns.

La Rochefoucauld

Selbst der bescheidenste Mensch hält mehr von sich, als sein bester Freund von ihm hält.

Marie von Ebner-Eschenbach

Wer in Gesellschaft seiner Freunde immer Worte wiegt, ist selten ein wahrer Freund, und selten der Freundschaft fähig; er denkt nur immer an sich und liebt sich zu viel. Man muß groß genug sein, sich seinen Freunden zu zeigen wie man ist. Verliert man sie, um seiner Schwachheit willen, so ist es ein glücklicher Verlust, so sind sie niemals Freunde gewesen.

Ewald Christian von Kleist

Was die Menschen Freundschaft genannt haben, ist nur eine Verabredung zur gegenseitigen Schonung der Interessen und zum Austausch guter Dienste; es ist schließlich nur ein Handel, bei dem die Eigenliebe stets auf ihren Gewinn bedacht ist.

La Rochefoucauld

Weinfreundschaft

Die Freundschaft, die der Wein gemacht,
wirkt wie der Wein nur eine Nacht.

Friedrich von Logau

Freundschaften, die wir selbst geknüpft haben, sind gewöhnlich wertvoller als die, welche aus nachbarlichen und verwandtschaftlichen Beziehungen hervorgehen. Die Natur hat uns frei und beweglich in die Welt gesetzt; wir sperren uns selbst in bestimmte Beschränkungen ein.

Michel de Montaigne

Silentium. – Man darf über seine Freunde nicht reden: sonst verredet man sich das Gefühl der Freundschaft.

Friedrich Nietzsche

Wahre, echte Freundschaft setzt eine starke, rein objektive und völlig uninteressierte Teilnahme am Wohl und Wehe des Andern voraus, und diese wieder ein wirkliches Sich mit dem Freunde identifizieren. Dem steht der Egoismus der menschlichen Natur so sehr entgegen, daß wahre Freundschaft zu den Dingen gehört, von denen man, wie von den kolossalen Seeschlangen, nicht weiß, ob sie fabelhaft sind, oder irgendwo existieren.

Arthur Schopenhauer

Treue Liebe kann zwischen Menschen von sehr verschiedenem, dauernde Freundschaft nur zwischen Menschen von gleichem Werte bestehen. Aus diesem Grunde ist die zweite viel seltener als die erste.

Marie von Ebner-Eschenbach

Die Freundschaft eines einzigen gescheiten Menschen ist besser als die aller Dummköpfe zusammen. *Demokrit*

Es gibt eine körperliche Freundschaft. Nach der werden auch zwei Pferde, die eine Zeitlang beisammen stehen, Freunde und können eins des andern nicht entbehren.

Matthias Claudius

Wir brauchen Freunde nicht, um sie zu brauchen, sondern um die Gewißheit zu haben, daß wir sie brauchen dürfen. *Epikur*

Nicht zu leben verdient, wer nicht einen einzigen wahren Freund besitzt. *Demokrit*

Es ist in freundschaftlichen Verhältnissen jedesmal ein wichtiger Moment, wenn plötzlich der Eindruck wiederkehrt, den der Freund, der physische Mensch, auf uns machte, als wir ihn das erstemal sahen und er noch nicht unser Freund war.

Friedrich Hebbel

Ein treuer Freund ist mit keinem Geld noch Gut zu bezahlen.

Das Buch Jesus Sirach

Wert eines Berufes

Beruf. – Ein Beruf ist das Rückgrat des Lebens.

Friedrich Nietzsche

Wir können groß erscheinen in einem Amt, das geringer ist, als unseren Verdiensten zukommt, aber wir erscheinen oft klein in einem Amt, das größer ist als wir.

La Rochefoucauld

Wem Gott ein Amt gibt, dem gibt er auch Verstand, – ist ein alter Scherz, den man wohl in unsren Zeiten nicht gar für Ernst wird behaupten wollen.

Georg Wilhelm Friedrich Hegel

Man soll keinen auf einem öffentlichen Posten halten, weil er »Erfahrung« in gerade dieser Angelegenheit hat. Er soll lernen, seine Erfahrung weiterzugeben, statt sie als Besitz zu verwerten.

Bert Brecht

Um ein öffentliches Amt glänzend zu verwalten, braucht man eine gewisse Anzahl guter und – schlechter Eigenschaften.

Marie von Ebner-Eschenbach

Ich habe das schon mehr bemerkt, die Leute von Profession wissen oft das Beste nicht.

Georg Christoph Lichtenberg

Im Durchschnitt sind daher die Menschen am glücklichsten, die ein angeborenes, ein Familientalent im häuslichen Kreise auszubilden Gelegenheit finden.

Johann Wolfgang Goethe

Das Glück besteht darin, daß man *da* steht, wo man seiner Natur nach hingehört; selbst die Tugend- und Moralfrage verblaßt daneben.

Theodor Fontane an Gustav Karpeles

Die am wenigsten gespannte und natürlichste seelische Haltung ist die schönste; das beste Tun ist das, welches am wenigsten krampfhafte Anstrengung verlangt. Mein

Gott, was leistet die Weisheit doch denen für einen guten Dienst, denen sie die Wünsche nach ihren Kräften regelt.

Michel de Montaigne

Nicht jeder, der sich bemüht,
kann eine Gazelle erjagen,
doch wer die Gazelle erjagt,
der hat sich sicher bemüht!

Arabische Weisheit

... eine Arbeit, die der eigensten Natur nicht gemäß ist, hat keinen Wert. (Man muß mit Leib und Seele dabei sein!)

Seneca

... man kann eben auch sagen, daß es inkomplette, unvollständige Menschen gibt. Es sind diejenigen, deren Sehnsucht und Streben mit ihrem Tun und Leisten nicht proportioniert ist.

Johann Wolfgang Goethe

Die Posse vieler Arbeitsamen. – Sie erkämpfen durch ein Übermaß von Anstrengung sich freie Zeit und wissen nachher nichts mit ihr anzufangen als die Stunden abzuzählen, bis sie abgelaufen sind.

Friedrich Nietzsche

Müßiggang ist aller Laster Anfang, aller Tugenden Krönung.

Franz Kafka

Was immer ihre Tätigkeit ist, die Tätigen halten sich für besser.

Elias Canetti

Befreien muß man sich aus dem Gefängnis der Geschäfte und der Politik.

Epikur

Das immer Arbeiten-müssen macht egoistisch wie alles Ausschließliche; es ist bürgerlich respektabel und verdirbt *doch* den Charakter. Ein liebenswürdiges Bummeln, wenn es ohne schwere Pflichtverletzung geschehen kann, berührt wohltuender als die ewige unerbittliche Korrektheit.

Theodor Fontane an Mathilde von Rohr

Das heiße Verlangen, eine Rolle in der sogenannten großen Welt zu spielen, bezeugt einen gewöhnlichen Geist. Der sich besser Fühlende kömmt davon bald zurück.

August von Platen

Ruhige Fruchtbarkeit. – Die geborenen Aristokraten des Geistes sind nicht zu eifrig; ihre Schöpfungen erscheinen und fallen an einem ruhigen Herbstabend vom Baume, ohne hastig begehrt, gefördert, durch Neues verdrängt zu werden. Das unablässige Schaffenwollen ist gemein und zeigt Eifersucht, Neid, Ehrgeiz an. Wenn man etwas ist, so braucht man eigentlich nichts zu machen – und tut doch sehr viel. Es gibt über dem »produktiven« Menschen noch eine höhere Gattung.

Friedrich Nietzsche

Man soll niemanden in seiner Profession lächerlich machen, er kann dadurch unglücklich werden.

Georg Christoph Lichtenberg

Liebhabereien bewahren vor Leidenschaften; eine Liebhaberei wird zur Leidenschaft.

Marie von Ebner-Eschenbach

Wert eines Berufs. – Ein Beruf macht gedankenlos; darin liegt sein größter Segen. Denn er ist eine Schutzwehr, hinter welche man sich, wenn Bedenken und Sorgen allgemeiner Art einen anfallen, erlaubtermaßen zurückziehen kann. *Friedrich Nietzsche*

Das Urteil der andern

Psychologie ist Lesen einer Spiegelschrift, also mühevoll und was das immer stimmende Resultat betrifft ergebnisreich, aber wirklich geschehn ist nichts. *Franz Kafka*

Wer Ansprüche macht, beweist eben dadurch daß er keine zu machen hat. *Johann Gottfried Seume*

Wieviel Gutes man uns auch über uns sagen mag, man sagt uns nichts Neues.

La Rochefoucauld

Mir geht es so wie vielen, die weit besser wissen, wofür sie die Leute halten, als was sie eigentlich sind!

E. T. A. Hoffmann

Wir sind schließlich doch das, wofür uns Andre halten.

Theodor Fontane an Georg Friedlaender

Es ist leichter, für andere weise zu sein als für sich selbst.

La Rochefoucauld

Man soll mit solchen verkehren, die ein gutes Bild von einem haben, so kann man besser werden, indem man es zu rechtfertigen sucht.

Bert Brecht

Wer hat nicht für seinen guten Ruf schon einmal – sich selbst geopfert? –

Friedrich Nietzsche

In der Tat überschreitet der Wert, den wir auf die Meinung anderer legen, und unsere beständige Sorge in Betreff derselben, in der Regel, fast jede vernünftige Bezweckung, so daß sie als eine Art allgemein verbreiteter, oder vielmehr angeborener Manie angesehn werden kann. Bei allem, was wir tun und lassen, wird, fast vor allem andern, die fremde Meinung berücksichtigt, und aus der Sorge um sie werden wir, bei genauer Untersuchung, fast die Hälfte aller Bekümmernisse und Ängste, die wir jemals empfunden haben, hervorgegangen sehn. Denn sie liegt allem unserm, so oft gekränkten, weil so krankhaft empfindlichen, Selbstgefühl, allen unsern Eitelkeiten und Prätensionen, wie auch unserm Prunken und Großtun zum Grunde.

Arthur Schopenhauer

Einem Ehrsüchtigen

Laß das Ringen nach der Ehre;
Lieber all dein heißes Streben
In den eignen Busen kehre,
Und du lebst ein schönres Leben.

Nikolaus Lenau

Wieviel Muße gewinnt der, der nicht darauf, was sein Nächster spricht oder tut oder denkt, sondern nur auf das sieht, was er selbst tut, daß es gerecht und heilig sei ...

Marc Aurel

Scheue Niemand so viel, als Dich selbst. Inwendig in uns wohnet der Richter, der nicht trügt, und an dessen Stimme uns mehr gelegen ist, als an dem Beifall der ganzen Welt und der Weisheit der Griechen und Egypter.

Matthias Claudius

Wer täte nicht viel für den Ruhm, aber wer
Tut's für das Schweigen?

Bert Brecht

Der Ruhm, nach dem wir trachten,
Den wir unsterblich achten,
Ist nur ein falscher Wahn.

Andreas Gryphius

Aber der Ruhm, welcher vor denen flieht, die ihn suchen, folgt denen nach, welche sich nicht um ihn bemühen.

Jacob Burckhardt

Ein guter Ruf ist köstlicher denn großer Reichtum, und Gunst besser denn Silber und Gold.

Die Sprüche Salomos

Wer nur recht tut, weil andre es erfahren können und weil er dann in der Schätzung der Mitmenschen steigt; wer nur unter der Voraussetzung, daß seine Tugend den Mitmenschen bekannt wird, anständig handeln will, aus dem wird keine Persönlichkeit, auf die man sich verlassen kann.

Michel de Montaigne

Wir sind so anmaßend, daß wir der ganzen Erde und selbst jenen Menschen bekannt sein möchten, die kommen werden, wenn wir nicht mehr sind. Und wir sind so eitel, daß die Wertschätzung von fünf oder sechs Personen aus unserer Umgebung uns erfreut und befriedigt.

Blaise Pascal

Wenige Menschen haben Grazie im Geben, nicht einmal ihren billigen Rat können sie einem mit Anstand applizieren.

Theodor Fontane

Dem Narren gefällt seine Weise wohl; aber wer auf Rat hört, der ist weise.

Die Sprüche Salomos

VIII

Was uns zu tun bleibt

Lernen – ein Leben lang

Lerne zu werden, der du bist!

Pindar

Es gibt nichts Verschlungeneres als die Wege des Geistes. Die Art, wie ein Mensch lernt, wenn er sich davor hütet, gleich zu verwenden, was er lernt, ist abenteuerlicher und geheimnisvoller als jede Forschungsreise. Denn im Geiste kann man sich keine Wege vornehmen und errechnen. Gewiß gibt es auch da etwas wie ungefähre Landkarten, aber unendlich viel mehr lockt einen auf allen Seiten fort, und welches Staunen, wenn man sich wiederfindet, wo man schon war, ein anderer am alten Orte.

Elias Canetti

Nicht die Vernunft, sondern das Mißgeschick wird den Toren zum Lehrmeister.

Demokrit

Wer sich mit den Studien unnützer Wissenschaften befaßt, der tut bei aller Geschäftigkeit nichts ...

Seneca

Diejenigen unter den Gelehrten, denen es an Menschenverstand fehlt, lernen gemeiniglich mehr als sie brauchen, und die vernünftigen unter ihnen können nie genug lernen.

Georg Christoph Lichtenberg

Der Wert der Bildung offenbart sich am deutlichsten, wenn die Gebildeten zu einem Problem, das außerhalb ihrer Bildungsdomäne liegt, das Wort ergreifen.

Karl Kraus

Viele Lehrstunden hinter einander heißt in Einem fort säen, so daß nichts wachsen kann; und mit der Saat die Ernte ersticken. Solange ihr die Uhr aufzieht, geht sie nicht.

Jean Paul

Nicht so viel, wie du willst, sondern so viel, wie du zu erfassen imstande bist, mußt du dir aneignen. Aber sei nur guten Mutes: Du wirst schon noch so viel Wissen erwerben, wie du möchtest. Je mehr der Geist in sich aufnimmt, desto lernfähiger wird er.

Seneca

Dem ungebildeten Menschen erscheint alles als Einzelheit, dem gebildeten alles im Zusammenhange. Es gibt da aber allerlei Nuancen.

Wilhelm Raabe

»Man kann nicht alles ausrechnen«, sagte der ABC-Schüler.

Peter Altenberg

Halbwissen. – Der, welcher eine fremde Sprache wenig spricht, hat mehr Freude daran als der, welcher sie gut spricht. Das Vergnügen ist bei den Halbwissenden.

Friedrich Nietzsche

Mittelmäßige Menschen verurteilen meist alles, was über ihren Horizont geht.

La Rochefoucauld

Der Aberglauben schlimmster ist, den seinen
Für den erträglichern zu halten ...

Gotthold Ephraim Lessing

Was sie sechzig Jahre sehen und was ihr Vater und Großvater auch sechzig Jahre gesehen haben, das ist ihnen das Natürliche, wie verkehrt es auch sein mag – und wer sich dagegen auflehnt und ein Neues bringt, der ist ein Fremdling unter ihnen, ein Aufrührer gegen die Natur.

Adalbert Stifter

Es gibt Menschen, die geizen mit ihrem Verstande wie andere mit ihrem Gelde.

Ludwig Börne

Der Aberglaub', in dem wir aufgewachsen,
Verliert, auch wenn wir ihn erkennen, darum
Doch seine Macht nicht über uns. – Es sind
Nicht alle frei, die ihrer Ketten spotten.

Gotthold Ephraim Lessing

Der Weg der neuern Bildung geht
Von Humanität
Durch Nationalität
Zur Bestialität.

Franz Grillparzer

Bildung und Eleganz. Der Mensch wird als ein Barbar geboren und nur die Bildung befreit ihn von der Bestialität. Die Bildung macht den Mann, und um so mehr, je höher sie ist. *Balthasar Gracián*

Beginnende Bildung fängt immer mit dem Tadel an, vollendete aber sieht in jedem das Positive.

Georg Wilhelm Friedrich Hegel

Durchschnittsmenschen glauben sich so schnell wie möglich verewigen zu müssen, damit die Herrlichkeit nicht ausstirbt. *Theodor Fontane*

Der Ungebildete sieht überall nur Einzelnes, der Halbgebildete die Regel, der Gebildete die Ausnahme.

Franz Grillparzer

Ausnahmen sind nicht immer Bestätigung der alten Regel; sie können auch die Vorboten einer neuen Regel sein.

Marie von Ebner-Eschenbach

Bildung ist ein durchaus relativer Begriff. Gebildet ist jeder, der das hat, was er für seinen Lebenskreis braucht. Was darüber, das ist vom Übel.

Friedrich Hebbel

Erkenntnis macht frei, Bildung fesselt, Halbbildung stürzt in Sklaverei.

Wilhelm Raabe

Je unwissender man von Natur ist, desto mehr Kapazität für das Wissen. Jede neue Erkenntnis macht einen viel tiefern, lebendigern Eindruck.

Novalis

Der Mensch muß klug sein, aber nicht gebildet. Da sich nun aber Bildung, wie Katarrh bei Ostwind, kaum vermeiden läßt, so muß man beständig auf der Hut sein, daß aus der kleinen Affektion nicht die galoppierende Schwindsucht wird.

Theodor Fontane an seine Tochter Martha

Wer ernstlich sucht, findet immer etwas das des Auflesens wert ist; entweder das Gesuchte, oder auch wohl zuweilen etwas Besseres.

Christoph Martin Wieland

Je mehr Geist man hat, desto mehr findet man, daß es mehr originelle Menschen gibt. Die mittelmäßigen Leute finden überhaupt keinen Unterschied zwischen den Menschen.

Blaise Pascal

Wirklich lernen kann man *nur* das, was man schon wußte, *bevor* man es gelernt hat! Man wird nämlich allmählich »*aufmerksam* gemacht« im Trubel des Lebens!

Peter Altenberg

Warum dich durch die Außendinge zerstreuen? Nimm dir Zeit, etwas Gutes zu lernen, und höre auf, dich wie im Wirbelwind umhertreiben zu lassen. Hüte dich noch vor einer anderen Verirrung, denn es ist auch Torheit, sich das Leben durch zwecklose Handlungen schwer zu machen; man muß ein Ziel haben, auf das sich alle unsere Wünsche, alle unsere Gedanken richten.

Marc Aurel

Durch Lehren lernen wir; das Sprichwort bleibt in Ehren,
Doch wahr ist's auch, daß wir durch Lernen selbst uns lehren.

Friedrich Rückert

Wer zuviel verlangt, wer sich am Verwickelten erfreut, der ist den Verirrungen ausgesetzt.

Johann Wolfgang Goethe

Wenn auch die Klügsten fehlen, wessen Irrtum findet dann nicht eine Entschuldigung?

Seneca

Wer sich zu viel mit kleinen Dingen abgibt, wird gewöhnlich unfähig zu großen.

La Rochefoucauld

Ich mißtraue allen Systematikern und gehe ihnen aus dem Weg. Der Wille zum System ist ein Mangel an Rechtschaffenheit.

Friedrich Nietzsche

Sätze von Systemen hängen aneinander wie Mitglieder von Verbrecherbanden. Einzeln überwältigt man sie leichter.

Bert Brecht

»Bringen Sie doch ihre Erkenntnisse in ein *System*«, sagte ein Wohlwollender zu mir.

Erkenntnisse in ein System bringen, ist, einige wenige lebensfähige Wahrheiten in einem toten Meer von Lüge ertränken wollen!

Peter Altenberg

Von denen, welche sich rühmen, daß sie die Wahrheit suchen, bloß um der Wahrheit willen, suchen die mehresten nur ein *System*; und wenn sie nur irgendeins gefunden haben, so sind sie zufrieden.

Friedrich Heinrich Jacobi

Unwissen ist die einzige Tragödie des Daseins. Es gibt keine andere.

Peter Altenberg

Wer kein Narr ist, ist deshalb noch lange nicht so weise, wie er glaubt.

La Rochefoucauld

Unwissenheit

Eine geistige Entwicklung kann sehr wohl auch mit einer Zunahme der Unwissenheit verbunden sein. Man wickelt sich aus den Binden vermeintlichen Wissens wie eine auferstehende Mumie.

Heimito von Doderer

Nie umsonst. – Im Gebirge der Wahrheit kletterst du nie umsonst: entweder du kommst schon heute weiter hinauf oder du übst deine Kräfte, um morgen höher steigen zu können.

Friedrich Nietzsche

Brich ab das Lernen, so bist du sorgenfrei!

Lao-tse

Theorie und Praxis

Nichts ist so elend als ein Mann,
Der alles will, und der nichts kann.

Matthias Claudius

Man muß beachten, daß eine lange und eine kurze Rede auf dasselbe herauskommen. *Epikur*

Beim Orakel mußt du nicht anfragen, wenn du wissen willst, wo der Hausschlüssel hängt. *Friedrich Hebbel*

Falschmünzer und Heuchler sind solche, welche alles in der Theorie, aber in der Praxis nichts zustande bringen.

Demokrit

Ein Unverständiger glaubt alles; aber ein Kluger merkt auf seinen Gang. *Die Sprüche Salomos*

Ob das Werkzeug früher versagt oder die Hand, ist ein großer Unterschied, kommt aber auf eins heraus.

Marie von Ebner-Eschenbach

Man wählt, um ein Schiff zu steuern, nicht denjenigen von den Reisenden aus, der dem vornehmsten Geschlecht entstammt.

Blaise Pascal

Brot essen ist keine Kunst, aber Brot backen.

Sprichwort

Wenn du alle Sinneswahrnehmungen bestreitest, so besitzest du nichts, worauf du dich beziehen kannst, um jene zu beurteilen, die du für falsch erklärst.

Epikur

Trotzdem ist es gut, wenn man die Wahrheit über eine Sache nicht wissen kann, *die* Hypothese anzunehmen, die sich in dem Augenblick, wo der Zufall uns ins Leben gerufen hat, dem Verstande am unabweislichsten aufdrängt. Man kann wetten, daß sie falsch ist, aber solange man sie für wahr hält, ist sie nützlich, belebt sie die Gemüter und gibt unserer Wißbegier eine neue Richtung.

Maurice Maeterlinck

Techniker

Einen Techniker nennt man jedes Individuum, das den Versuch, unser Leben durch Kniffe und eine gewisse Fallenstellerei für die Naturkräfte gründlich zu verändern, für eine erstrangige Sache hält.

Heimito von Doderer

Empiriker

Daß ihr den sichersten Pfad gewählt, wer möchte das leugnen?
Aber ihr tappet nur blind auf dem gebahntesten Pfad.

Johann Wolfgang Goethe / Friedrich Schiller

Zwei Dinge unterrichten den Menschen über seine ganze Natur: Instinkt und Erfahrung. *Blaise Pascal*

Der gesunde Menschenverstand ist als Grundlage unseres Geistes vortrefflich und notwendig, aber nur, wenn ein höherer Zweifel ihn stets überwacht und ihm seine unendliche Unwissenheit nach Bedarf vorhält; andernfalls ist er nichts als eine Fertigkeit der unteren Stufen unseres Verstandes. *Maurice Maeterlinck*

Die neuen Gedanken kommen fast immer nur von Außenseitern. Der Fachmann, auch der geistig überlegenste, steht immer zu sehr in seinem Berufskreise, er ist daher fast nie in der Lage, eine wirkliche Revolution hervorzurufen: er kennt die Tradition zu genau und hat, ob er will oder nicht, zu viel Respekt vor ihr. Auch weiß er zu viel Einzelheiten, um die Dinge noch einfach genug zu sehen, und gerade damit fehlt ihm die erste Bedingung jeder wirksamen Neuentdeckung: denn wertvoll und fruchtbar sind immer nur die einfachen Gedanken.

Egon Friedell

Laß dir von keinem Fachmann imponieren, der dir erzählt: »Lieber Freund, das mache ich schon seit zwanzig Jahren so!« – Man kann eine Sache auch zwanzig Jahre lang falsch machen.

Kurt Tucholsky

Alles, worein der Mensch sich ernstlich einläßt, ist ein Unendliches; nur durch wetteifernde Tätigkeit weiß er sich dagegen zu helfen . . .

Johann Wolfgang Goethe

Leute, die sehr viel gelesen haben, machen selten große Entdeckungen. Ich sage dieses nicht zur Entschuldigung der Faulheit; denn Erfinden setzt eine weitläufige Selbstbetrachtung der Dinge voraus. Man muß aber mehr sehen als sich sagen lassen.

Georg Christoph Lichtenberg

Wissenschaft

Einem ist sie die hohe, die himmlische Göttin, dem andern
Eine tüchtige Kuh, die ihn mit Butter versorgt.

Friedrich Schiller

Für das Können gibt es nur einen Beweis: das Tun.

Marie von Ebner-Eschenbach

Die Klugheit der Tiere

Es ist nicht auszudenken, wie gefährlich die Welt ohne Tiere sein wird.

Elias Canetti

Das Tier ist gut und gar nichts anderes, und wenn wir es sind, verdanken wir es ihm.

Alexander von Villers

Unter das Tier hinab. – Wenn der Mensch vor Lachen wiehert, übertrifft er alle Tiere durch seine Gemeinheit.

Friedrich Nietzsche

Wer sich durchaus nicht mit dem Tier, diesem unendlich belehrenden Kommentar zum Menschen, einlassen mag, der kommt mir vor, wie einer, der nur eine Sprache kann, und sich mit Händen und Füßen dagegen sträubt, noch eine zweite zu lernen.

Friedrich Hebbel

Der Instinkt harmonisiert das Innere der Tiere, Religion das Innere des Menschen.

Friedrich Heinrich Jacobi

Der Erdenmensch erlebt in einer Minute mehr Elend als das Tier der Erde vom Anfang bis zum Ende.

Wilhelm Raabe

Die Knauserigen teilen das Los der Bienen: Sie arbeiten, als liege ihr Leben immer in der Zukunft. *Demokrit*

Ich hasse die geistigen Ameisen. Ich liebe die geistigen Bienen. *Gerhart Hauptmann*

Noch spielen die Jagdhunde im Hof, aber das Wild entgeht ihnen nicht, so sehr es jetzt schon durch die Wälder jagt. *Franz Kafka*

Belle, belle nur zu, doch wie du, Köter, auch bellest,
Kriegst du den Mond nicht herab, kommst du zu ihm nicht hinauf.

Franz Grillparzer

Daß der Rosenstock keine Disteln trägt, wird ihm der Esel nie verzeihen. *Marie von Ebner-Eschenbach*

Es bedurfte der Vermittlung der Schlange: das Böse kann den Menschen verführen, aber nicht Mensch werden. *Franz Kafka*

Gewisse Mistkäfer, wenn sie auf den Rücken fallen, vermögen sich nicht mehr aufzurichten: einige aber doch.

Gerhart Hauptmann

Größe ist, was wir nicht sind. Dem Käfer im Grase kann schon eine Haselnußstaude (falls er davon Notiz nimmt) sehr groß erscheinen, weil er eben nur ein Käfer ist.

Jacob Burckhardt

Immer wenn man ein Tier genau betrachtet, hat man das Gefühl, ein Mensch, der drin sitzt, macht sich über einen lustig.

Elias Canetti

Was dem ganzen Bienenschwarme nicht zuträglich ist, das ist auch der Biene nicht zuträglich.

Marc Aurel

Nicht überall, wo Wasser ist, sind Frösche; aber wo man Frösche hört, ist Wasser.

Johann Wolfgang Goethe

Man sieht den Vogel meistens erst, wenn er davonfliegt.

Friedrich Hebbel

Das tierische Geschöpf weiß, wieviel es braucht; das menschliche erkennt dies nicht.

Demokrit

Wahrheit als Circe. – Der Irrtum hat aus Tieren Menschen gemacht; sollte die Wahrheit imstande sein, aus dem Menschen wieder ein Tier zu machen?

Friedrich Nietzsche

Die Katzen halten keinen für eloquent, der nicht miauen kann.

Marie von Ebner-Eschenbach

Ruhm.

Tiere empfinden durchaus keine gegenseitige Bewunderung. Ein Pferd bewundert seinen Stallgenossen nicht. Das soll nicht heißen, es gebe zwischen ihnen beim Rennen keinen Wettstreit, aber das bleibt ohne Folgen; wenn sie nämlich im Stall sind, wird das schwerfälligere und grobschlächtigere deshalb seinen Hafer nicht an das andere abtreten, wie die Menschen verlangen, daß man es bei ihnen tun solle. Die Tugend jener ist sich selbst genug.

Blaise Pascal

Katzen krümmen den Rücken nur, um sich zu verteidigen.

Jean Paul

Wer rechnet, ist immer in Gefahr, sich zu verrechnen. Die einfache dumme Kuh trifft immer das richtige Gras.

Theodor Fontane

Wäre das Glück in den Freuden des Leibes, so dürften wir die Ochsen für glücklich halten, wenn sie wilde Zuckererbsen zu fressen finden.

Heraklit

Wenn die Affen es dahin bringen könnten, Langeweile zu haben, so könnten sie Menschen werden.

Johann Wolfgang Goethe

Warum schielen die Tiere nicht? Dies ist auch ein Vorzug der menschlichen Natur.

Georg Christoph Lichtenberg

Der Mensch hat vor dem Tier nur den zweifelhaften Vorzug, daß er »denken« kann: »Es kommt auf mich was an.«

Wilhelm Raabe

Der Strauß im Zoologischen Garten zu Dresden hat im Freien ein weites Begängnis, geht aber immer an der Umzäunung, das heißt an der Grenze, hin und her. Das Gleiche ist's mit dem Menschengeist.

Gerhart Hauptmann

Erreiche es nur, dich der Mauerassel verständlich zu machen. Hast du ihr einmal die Frage nach dem Zweck ihres Arbeitens beigebracht, hast du das Volk der Asseln ausgerottet.

Franz Kafka

Schönheit des Leibes, wenn vom Geiste nicht beseelt, ist tierisch.

Demokrit

Ein schäbiges Kamel trägt immer noch die Lasten vieler Esel. *Johann Wolfgang Goethe*

Fuchs der Füchse. – Ein rechter Fuchs nennt nicht nur die Trauben sauer, welche er nicht erreichen kann, sondern auch die, welche er erreicht und anderen vorweggenommen hat. *Friedrich Nietzsche*

Der Fuchs kann viel, der Igel eine große Kunst.
Archilochos

Wem Mutter Natur ein Gärtchen gibt und Rosen, dem gibt sie auch Raupen und Blattläuse, damit er's verlernt, sich über Kleinigkeiten zu entrüsten. *Wilhelm Busch*

Ich wollte, man könnte die Menschen so zahm machen wie die Tiger. *Jean Paul*

Man möchte jeden Menschen in seine Tiere auseinandernehmen und sich mit diesen dann gründlich und begütigend ins Einvernehmen setzen. *Elias Canetti*

Die Natur – der Duft der Dinge

Die Natur ist dem Menschen dafür eine Entschädigung schuldig, daß sie ihn mit dem Gedanken des Todes beladen hat.

Friedrich Hebbel

Wenn sie die Wahrheit in der Natur gefunden haben, so schmeißen sie sie wieder in ein Buch, wo sie noch schlechter aufgehoben ist.

Georg Christoph Lichtenberg

Der Kuckuck wird uns unbedeutend durch die Kuckucksuhr.

Jean Paul

Die Natur ist die große Ruhe gegenüber unserer Beweglichkeit. Darum wird sie der Mensch immer mehr lieben, je feiner und beweglicher er werden wird. Sie gibt ihm die großen Züge, die weiten Perspektiven und zugleich das Bild einer bei aller unermüdlichen Entwicklung erhabenen Gelassenheit.

Christian Morgenstern

Die Natur ist kein Tempel, sondern eine Werkstatt, und der Mensch hat darin zu arbeiten.

Iwan Turgenjew

Ich hab' mich eigentlich niemals kleiner gefühlt, als eben im Frühling. Die treibende Unendlichkeit drängt sich um meine Brust herum und schließt sie zu, und erst, wenn der Sommer jämmerlich mit seinen alten Stereotypen zu Markte zieht, wird mir's wieder leicht, und der innere Vesuv wirft sein altes Feuer. *Friedrich Hebbel*

Ich liebe schöne Landschaften. Sie machen zuweilen auf meine Seele den gleichen Eindruck wie der Bogen eines Künstlers auf einer klangvollen Geige. Sie geben mir närrische Anwandlungen. Sie mehren mein Glück und machen mir das Leid erträglicher. *Stendhal*

Das beständige Leben im Zimmer wird bald zur kränkelnden Vegetation. Wer Kraft und Mut und Licht mehren will, gehe hinaus in die Elemente.

Johann Gottfried Seume

Wer Landschaft sieht, Landschaft wahr sieht, wahre Landschaft sieht: der sieht die wahre Verlassenheit des Menschen. *Gerhart Hauptmann*

Wärt Ihr, Schwärmer, imstande, die Ideale zu fassen,
O so verehrtet ihr auch, wie sich's gebührt, die Natur.

Johann Wolfgang Goethe

Die Schwärmerei für die *Natur* kommt von der Unbewohnbarkeit der Städte. *Bert Brecht*

Die Natur und unser eignes Herz sind gleichsam die Tafeln, in welche Gott seine unwandelbaren Gesetze mit unauslöschlichen Zügen eingegraben hat.

Christoph Martin Wieland

Die freie Natur. – Wir sind so gern in der freien Natur, weil diese keine Meinung über uns hat.

Friedrich Nietzsche

Auf die Dauer fesselt die Landschaft allein nicht. Es bedarf eines geistigen oder geschichtlichen Reizes. Beides zusammen gibt erst den vollen Genuß. *Stendhal*

Warum erfüllen uns Gräser, eine Wiese, eine Tanne mit so reiner Lust? Weil wir da Lebendiges vor uns sehen, das nur von außen her zerstört werden kann, nicht durch sich selbst. Der Baum wird nie an gebrochenem Herzen sterben und das Gras nie seinen Verstand verlieren. Von außen droht ihnen jede mögliche Gefahr, von innen her aber sind sie gefeit. Sie fallen sich nicht selbst in den Rücken wie der Mensch mit seinem Geist und ersparen uns damit das wiederholte Schauspiel unseres eigenen zwiespältigen – darum aber freilich auch um so entwicklungsfähigeren – Lebens. *Christian Morgenstern*

Alles Behagen am Leben ist auf eine regelmäßige Wiederkehr der äußeren Dinge gegründet. Der Wechsel von Tag und Nacht, der Jahreszeiten, der Blüten und Früchte, und was uns sonst von Epoche zu Epoche entgegentritt, damit wir es genießen können und sollen, diese sind die eigentlichen Triebfedern des irdischen Lebens. Je offner wir für diese Genüsse sind, desto glücklicher fühlen wir uns; wälzt sich aber die Verschiedenheit dieser Erscheinungen vor uns auf und nieder, ohne daß wir daran teilnehmen, sind wir gegen so holde Anbietungen unempfänglich, dann tritt das größte Übel, die schwerste Krankheit ein: man betrachtet das Leben als eine ekelhafte Last.

Johann Wolfgang Goethe

Vor dem Hohlspiegel unsrer Sinne hängt nur das Luftbild einer Welt, die wahre hat Gott allein.

Adalbert Stifter

Unser Erklären der Natur besteht darin, daß wir nur selten vorkommendes Unverständliches auf ein oft vorkommendes, aber eben so Unverständliches, zurückführen.

Franz Grillparzer

Wir suchen überall das Unbedingte, und finden immer nur Dinge.

Novalis

Der Duft der Dinge ist die Sehnsucht, die sie uns nach sich erwecken.

Christian Morgenstern

Ferne und Nähe

O Ferne, du meine Heimat.

Christian Morgenstern

Nicht an den Orten liegt der Fehler, sondern in uns selbst.

Seneca

Das am fremden Ort gehörte Posthorn schmerzt, weil es nun die Sehnsucht des Reisens nicht geben kann.

Jean Paul

Der Mensch hat immer eine Heimat und wär es nur der Ort, wo er gestern war und heute nicht mehr ist. Entfernung macht Heimat, Verlust Besitz.

Alexander von Villers

Einen gepackten Reisewagen und einen Dolch sollte ein jeder haben; daß, wenn er sich fühlt, er gleich abreisen kann.

Rahel Varnhagen

Zivilisation: Der Osten verliert sein Östliches, der Westen sein Westliches: beide ihr Köstliches!

Gerhart Hauptmann

Wer einen Pfau braucht, muß die Mühe einer Reise nach Indien auf sich nehmen. *Persische Weisheit*

Vergnügungs-Reisende. – Sie steigen wie Tiere den Berg hinauf, dumm und schwitzend; man hatte ihnen zu sagen vergessen, daß es unterwegs schöne Aussichten gebe. *Friedrich Nietzsche*

Und wenn der Mensch noch so gerne immer in das Fernste schweifen möchte; er wird doch immer wieder mit der Nase auf das Nächstliegende gestoßen. – Schön ist es freilich nicht immer. *Wilhelm Raabe*

Was hilft mein Verreisen ins Ausland, wenn ich zu Hause dieselben Leute wiederfinde? *Jean Paul*

Man kann alle Reisenden in zwei Charakterklassen teilen, in freundliche Sanguiniker, die überall sehen und auch sehen *wollen*, wodurch sich die Fremde vorteilhaft von ihrer Heimat unterscheidet, und in leberkranke Nörgler, die sich zu Hause eine Vortrefflichkeitsschablone zurechtgemacht haben und über alles verstimmt sind, was davon abweicht.

Theodor Fontane an seine Frau Emilie

Der Zufall ist der Gott der Reisenden. *Friedrich Hebbel*

Unser wahres Vaterland ist dort, wo wir die meisten Wahlverwandten finden.

Stendhal

Daß du fern vom Vaterlande bist, das macht dich nicht unglücklich; du bist so verständig, zu wissen, daß des Weisen Vaterland überall ist.

Seneca

Ach! für des Menschen wilde Brust ist keine Heimat möglich; und wie der Sonne Strahl die Pflanzen der Erde, die er entfaltete, wieder versengt, so tötet der Mensch die süßen Blumen, die an seiner Brust gedeihten, die Freuden der Verwandtschaft und der Liebe.

Friedrich Hölderlin

Am häßlichsten. – Es ist zu bezweifeln, ob ein Vielgereister irgendwo in der Welt häßlichere Gegenden gefunden hat als im menschlichen Gesicht.

Friedrich Nietzsche

Was hilft es, über das Meer zu setzen und den Wohnort zu wechseln? Wenn Du dem, was Dich drückt, entgehen willst, so mußt Du nicht an einem anderen Ort sein, sondern selbst ein anderer sein ... Deine Reise wird Dir keine Erleichterung schaffen; denn Du reisest mit Deinen Leidenschaften, und Deine Übel folgen Dir nach.

Seneca an Lucilius

Ferne und Nähe

Wenn nicht vieles fern wäre, und wir könnten alles immer gleich aus der Nähe des Raumes oder auch der Zeit sehen: wir stürben – bei so enormer Oberfläche und Fassungskraft des Aug's – an der Banalität dieser Welt.

Heimito von Doderer

IX

Es kann nicht alles ganz richtig sein in der Welt

Der Fortschritt der Menschheit

Viele Gedanken heben sich erst aus der allgemeinen Kultur hervor wie die Blüten aus den grünen Zweigen. Zur Rosenzeit sieht man Rosen überall blühen.

Johann Wolfgang Goethe

Nicht teilnehmen an dem geistigen Fortschreiten seiner Zeit, heißt moralisch im Rückschritt sein.

Marie von Ebner-Eschenbach

Die Möglichkeit

Liegt der Irrtum nur erst, wie ein Grundstein, unten im Boden,
Immer baut man darauf, nimmermehr kömmt er an Tag.

Johann Wolfgang Goethe / Friedrich Schiller

Die Wahrheit stiftet nicht so viel Gutes in der Welt wie ihr Schein Böses.

La Rochefoucauld

Die große Welt

Die Waage gleicht der großen Welt:
Das Leichte steigt, das Schwere fällt.

Gotthold Ephraim Lessing

Es stände besser um die Welt, wenn die Mühe, die man sich gibt, die subtilsten Moralgesetze auszuklügeln, zur Ausübung der einfachsten angewendet würde.

Marie von Ebner-Eschenbach

Der Herzog von Larochefoucauld hat so viele Aphorismen geschrieben, bei denen ich es tief bedauere, daß sie *nicht mir* eingefallen sind. Aber da seit drei Jahrhunderten dieselben niemandem *genützt* haben, bin ich doch wieder froh, daß er sich dieser undankbaren Mühe unterzogen hat!

Peter Altenberg

Obwohl die Menschen sich auf ihre großen Taten etwas zugute tun, sind diese doch oft nicht Resultate eines großen Planes, sondern des Zufalls.

La Rochefoucauld

Welten bauen genügt dem tiefer dringenden Sinn nicht:
Aber ein liebendes Herz sättigt den strebenden Geist.

Novalis

Wenn es möglich gewesen wäre, den Turm von Babel zu erbauen, ohne ihn zu erklettern, es wäre erlaubt worden.

Franz Kafka

Einen großartigen Beweis von der erbärmlichen *Subjektivität* der Menschen, in Folge welcher sie alles auf sich beziehn und von jedem Gedanken sogleich in gerader Linie auf sich zurückgehn, liefert die *Astrologie*, welche den Gang der großen Weltkörper auf das armsälige Ich bezieht, wie auch die Kometen am Himmel in Verbindung bringt mit den irdischen Händeln und Lumpereien.

Arthur Schopenhauer

Aller Fortschritt zersetzt, trennt, löst auf, zersplittert kompakte Soliditäten, zerreißt althergebrachte Zusammenhänge, zerstört, sprengt in die Luft. Aller Fortschritt hat das Thema, das Dasein zu *irrationalisieren*, es widerspruchsvoller und fragwürdiger, tiefer und bodenloser zu machen. Kultur ist Reichtum an Problemen, und wir finden ein Zeitalter um so aufgeklärter, je mehr Rätsel es entdeckt hat.

Egon Friedell

Das Allerseltenste aber ist bei weltgeschichtlichen Individuen die Seelengröße. Sie liegt im Verzichtenkönnen auf Vorteile zugunsten des Sittlichen, in der freiwilligen Beschränkung nicht bloß aus Klugheit, sondern aus innerer Güte, während die politische Größe egoistisch sein muß und alle Vorteile ausbeuten will.

Jacob Burckhardt

Die Großen mit ihren langen Armen schaden oft weniger, als ihre Kammerdiener mit den kurzen.

Georg Christoph Lichtenberg

Diese Staatbedienten haken und greifen wie Schindeln in einander, um einander zu halten und zu decken.

Jean Paul

Ein Geduldiger ist besser denn ein Starker, und der seines Mutes Herr ist, denn der Städte gewinnt.

Die Sprüche Salomos

Kränz einen Welteroberer nicht,
Schlepp lieber ihn zum Hochgericht.

Matthias Claudius

Die großen Männer sind für die Jugend die Rosinen im Kuchen der Weltgeschichte ... *Hermann Hesse*

Welch ein ungeheurer Irrtum, zu glauben, daß die Welt auf den eingebüßten alten Schwerpunkt wieder zurückgeführt werden könne! Als ob sie ihn jemals verloren hätte, wenn noch Anziehungskraft genug in ihm vorhanden wäre, um die vorwärtsstrebenden Elemente zu paralysieren! *Friedrich Hebbel*

Reaktion gegen die Maschinen-Kultur. – Die Maschine, selber ein Erzeugnis der höchsten Denkkräfte, setzt bei den Personen, welche sie bedienen, fast nur die niederen, gedankenlosen Kräfte in Bewegung. Sie entfesselt dabei eine Unmasse Kraft überhaupt, die sonst schlafen läge, das ist wahr; aber sie gibt *nicht* den Antrieb zum Höhersteigen, zum Bessermachen, zum Künstlerwerden. Sie macht *tätig und einförmig* – das erzeugt aber auf die Dauer eine Gegenwirkung, eine verzweifelte Langeweile der Seele, welche durch sie nach wechselvollem Müßiggange dürsten lernt.

Friedrich Nietzsche

Wenn die Maschinen, die die Menschen so im Lauf der Zeit erfunden haben, nun auch noch funktionierten: was wäre das für ein angenehmes Leben –!

Kurt Tucholsky

Wir werden um die Erde ein Netz weben von Eisenbahnen, wie eine Spinne Fäden webt, und die Natur wird sich darin fangen wie eine Fliege. Wohin werden wir dann reisen, wenn wir überall hinreisen können? Es wird nicht mehr der Mühe wert sein, den Ort zu wechseln, sobald einer sein wird wie der andere, Station Stokkerau, Station Kairo, fünf Minuten Aufenthalt.

Alexander von Villers

... seit wir die Eisenbahnen haben, laufen die Pferde schlechter.

Theodor Fontane

Das gefährlichste an der Technik ist, daß sie *ablenkt*, von dem, was den Menschen wirklich ausmacht, von dem, was er wirklich braucht.

Elias Canetti

Es ist schlimm, daß die Menschen nichts einreißen können, nicht die Wand eines Hofs, ohne gleich darauf Lust zu kriegen, ein neues Gebäude aufzuführen.

Ludwig Tieck

In den modernen Großstädten rennen die Menschen hinter sich selbst her und erreichen sich selten.

Gerhart Hauptmann

Das mannigfaltige Elend des menschlichen Lebens hat all dies begründet. Da man dies erkannt hat, hat man sich für die Zerstreuung entschieden.

Blaise Pascal

Die Massen in Bewegung zu setzen, braucht's nur der Phrase eines Dummkopfs. Wie lange Zeit gebraucht der kluge Mann, um nur einen einzigen zu seiner Meinung zu bekehren!

Wilhelm Raabe

Durchforscht den Boden, sucht und grabt,
Bringt Wachstum auf Mechanik,
Wenn ihr dann keine Blumen habt,
Habt ihr doch eine Botanik.

Franz Grillparzer

Ich hasse die Annahme, daß der Mensch alles kann, aber manches kann er.

Theodor Fontane

Die Menge fragt bei einer jeden neuen bedeutenden Erscheinung, was sie nutze, und sie hat nicht unrecht; denn sie kann bloß durch den Nutzen den Wert einer Sache gewahr werden.

Johann Wolfgang Goethe

Jede gelungene Gewalttat war böse und ein Unglück und allermindestens ein gefährliches Beispiel. Wenn sie aber Macht begründet, so kam in der Folge die Menschheit heran mit ihrem unermüdlichen Streben, bloße Macht in Ordnung und Gesetzlichkeit umzuwandlen; sie brachte ihre heilen Kräfte herbei und nahm den Gewaltzustand in die Kur.

Jacob Burckhardt

Gleichheit ist immer der Probestein der Gerechtigkeit; und beide machen das Wesen der Freiheit.

Johann Gottfried Seume

Ich kann freilich nicht sagen ob es besser werden wird, wenn es anders wird; aber so viel kann ich sagen, es muß anders werden, wenn es gut werden soll.

Georg Christoph Lichtenberg

Die »Mode« ist das *ästhetische Verbrechen* an und für sich!

Sie will nicht das *endgültig* Gute, Schöne, Zweckmäßige. Sie will »immer etwas *anderes*!«

Sie will das Taumeln von *einem* Irrtum zu einem *anderen*. Sie lebt vom Irrtum, der einem anderen Irrtum Platz macht. Sie lebt von *kindischen Veränderungen*.

Peter Altenberg

Wie groß sind die Fortschritte der Menschheit, wenn wir auf den Punkt sehen, von dem sie ausging, und wie klein, betrachten wir den Punkt wo sie hin will.

Franz Grillparzer

Der moderne Mensch »läuft« zu leicht »heiß«. Ihm fehlt zu sehr das Öl der Liebe.

Christian Morgenstern

Die Leute blicken immer so verächtlich auf vergangene Zeiten, weil die dies und jenes ›noch‹ nicht besaßen, was wir heute besitzen. Aber dabei setzen sie stillschweigend voraus, daß die neuere Epoche alles das habe, was man früher gehabt hat, plus dem Neuen. Das ist ein Denkfehler.

Es ist nicht nur vieles hinzugekommen. Es ist auch vieles verloren gegangen, im guten und im bösen. Die von damals hatten vieles noch nicht. Aber wir haben vieles nicht mehr.

Kurt Tucholsky

Der oft unüberlegten Hochachtung gegen alte Gesetze, alte Gebräuche und alte Religion hat man alles Übel in der Welt zu danken.

Georg Christoph Lichtenberg

Das Gefährliche an den Verboten: daß man sich auf sie verläßt, daß man nicht darüber nachdenkt, *wann* sie zu ändern wären.

Elias Canetti

Gerade das kann die Welt entbehren, um dessenwillen sie allein zu existieren verdient.

Friedrich Hebbel

In den Jahrhunderten vor uns scheint uns die Menschheit heranzuwachsen, in denen nach uns abzuwelken, in unserm herrlich-blühend aufzuplatzen: so scheinen uns nur die Wolken unsers Scheitelpunktes gerade zu gehen, die einen vor uns steigen vom Horizonte herauf, die andern hinter uns ziehen gekrümmt hinab.

Jean Paul

Der Hauptgegensatz alles Modernen gegen das Alte besteht darin, daß die Menschen nicht mehr durch ihre Geburt auf den von ihnen einzunehmenden Platz gestellt werden. Sie haben jetzt die Freiheit, ihre Fähigkeiten nach allen Seiten hin und auf jedem Gebiete zu betätigen.

Theodor Fontane

Wo wir unfähig sind, die Gesetze der Notwendigkeit zu erkennen, da glauben wir frei zu sein. *Ludwig Börne*

Fortschritt

Ein Mittel wird dem Fortschritt immer bleiben:
Was er nicht übertreffen kann, zu übertreiben.

Franz Grillparzer

Jede Zeit hat ihre Aufgabe und durch die Lösung derselben rückt die Menschheit weiter. *Heinrich Heine*

Politik und Krieg

Jeder Staat führt den Krieg gegen die eigene Kultur. Anstatt Krieg gegen die eigene Unkultur zu führen.

Karl Kraus

So lang nur ein Mensch da ist, dem der Krieg Vorteil bringen kann, und dieser eine hat Macht und Einfluß genug, diesen Krieg zu entfesseln, ist jeder Kampf gegen den Krieg vergeblich. *Arthur Schnitzler*

Jede Glorifizierung eines Menschen, der im Kriege getötet worden ist, bedeutet drei Tote im nächsten Krieg.

Kurt Tucholsky

Und dabei zieht jeder dieser Helden und Erdenwüteriche abends nicht nur den Harnisch, sondern auch die Hosen aus und die Bettdecke über den Kopf.

Wilhelm Raabe

Beweis der Güte der Republik gleich demjenigen, den Boccaccio für die Religion anführt: sie besteht trotz ihrer Beamten –

Heinrich Heine

Die Krankheiten, die das Wachstum der Menschheit bezeichnen, nennt man Revolutionen.

Friedrich Hebbel

Kriege werden um ihrer selbst willen geführt. Solange man sich das nicht zugibt, werden sie nie wirklich zu bekämpfen sein.

Elias Canetti

Krieg ist von allem der Vater, von allem der König, denn die einen hat er zu Göttern, die andern zu Menschen, die einen zu Sklaven, die anderen zu Freien gemacht.

Heraklit

Die Roheit der Menschen zeigt sich nicht erst im Krieg, sondern bereits im privaten friedlichen Verkehre!

Peter Altenberg

Der Krieg ist die Freiheit gewisser Barbaren, darum ist es kein Wunder, daß sie ihn lieben. *Friedrich Hebbel*

Der meiste Anteil der Menschen an der Menschheit ist der der Kaufleute am Krieg. *Jean Paul*

Das erste Privilegium ist der erste Ansatz zum Krebs des Staatskörpers. *Johann Gottfried Seume*

Die träumerische Viertelstunde eines Poeten oder Philosophen ist oft wichtiger für die Menschheit als der Lärm einer tagelang währenden Feldschlacht. *Wilhelm Raabe*

Eine Chronik schreibt nur derjenige, dem die Gegenwart wichtig ist. *Johann Wolfgang Goethe*

Die Geschichte ist am Ende doch ganz allein das Magazin unsers Guten und Schlimmen.

Johann Gottfried Seume

Freilich wissen wir ja das Verborgene nicht und wollen nicht vergessen, daß Geschichte schreiben, auch wenn es noch so nüchtern und mit noch so gutem Willen zur Sachlichkeit getan wird, immer Dichtung bleibt und ihre dritte Dimension die Fiktion ist.

Hermann Hesse

Geschichte ist die Biographie der Menschheit.

Ludwig Börne

Wie vollkommen auch die gesetzmäßige *Verfassung* eines Staats sein mag, bei der *Vollziehung* kommt alles auf die Beschaffenheit der Menschen an, in deren Händen die Gewalt ist ...

Christoph Martin Wieland

Ein Staatswesen, in dem was dem Staatswesen nutzt dem einzelnen nicht nutzt und was dem einzelnen nutzt dem Staatswesen nicht nutzt, nutzt selber nichts.

Bert Brecht

Niemand hat weniger Ehrgefühl als eine Regierung.

Jean Paul

Gelehrte als Politiker. – Gelehrte, welche Politiker werden, wird gewöhnlich die komische Rolle zugeteilt, das gute Gewissen einer Politik sein zu müssen.

Friedrich Nietzsche

Die großen und glänzenden Taten, die das Auge blenden, werden von den Politikern als Ergebnis großer Pläne hingestellt, während sie doch gewöhnlich nur Auswirkungen von Launen und Leidenschaften sind. So war der Krieg zwischen Augustus und Antonius, den man ihrem Ehrgeiz, sich zu Herren der Welt zu machen, zuschreibt, vielleicht nur eine Folge ihrer Eifersucht.

La Rochefoucauld

Bei Beurteilung der politischen Ereignisse kann als Regel dienen, daß hinter allem was den Anschein des Unverfänglichen hat ein geheimer Plan steckt, wogegen das was planmäßig zu sein scheint, gewöhnlich keinen Hintergrund hat als die vollkommenste Gedankenlosigkeit.

Franz Grillparzer

Jede höhere Stufe, welche der Mensch betritt, erfordert eine andere Lebensordnung ...

Christoph Martin Wieland

Der Endzweck aller Kultur ist es, das, was wir »Politik« nennen, überflüssig, jedoch Wissenschaft und Kunst der Menschheit unentbehrlich zu machen.

Arthur Schnitzler

Wenn etwas hart bestraft wird, so beweist das gar nicht, daß es unrecht ist; es beweist bloß, daß es dem Vorteil der Machthaber nachteilig ist. Oft ist gerade die Strafe der Stempel der schönen Tat.

Johann Gottfried Seume

Gerechtigkeit.
Wie die Mode das Vergnügen bestimmt, so bestimmt sie auch das Recht.

Blaise Pascal

Es kann eine Welt geben, in der es eine Ehre ist, gehängt zu werden, und also auch zu einem Vergnügen werden kann.

Wilhelm Raabe

Einen Tyrannen zu hassen vermögen auch knechtische Seelen,
Nur wer die Tyrannei hasset, ist edel und groß.

Johann Wolfgang Goethe

Wer nicht die Tüchtigen ehrt,
Bewirkt, daß das Volk sich nicht streitet.
Wer nicht die Güter schätzt, die schwer zu erlangen,
Bewirkt, daß das Volk nicht zu Räubern wird.
Wer nicht vorzeigt, was man begehren kann,
Bewirkt, daß des Volkes Sinn nicht aufsässig wird.

Lao-tse

Wer die Privilegien tötete, wäre der Weltheiland.

Johann Gottfried Seume

Es gibt eine Moral für die Leute am Ufer der großen Ströme, und eine Moral für die, welche stromauf fahren. Es gibt eine Moral des Schlafes und der Tat, eine Moral des Schattens und des Lichtes, und die Tugenden der ersteren, die sozusagen Hohltugenden sind, müssen sich erheben, sich ausweiten und Volltugenden werden, um der zweiten Moral anzugehören.

Maurice Maeterlinck

Aber fordert nicht die Vernunft, daß Jeder sein eigener Gesetzgeber sei? Nur seinen eigenen Gesetzen soll der Mensch gehorchen.

Novalis

Fast alle Systeme, die Menschen sich von *Gut* und *Böse* machen, sind Ephemera, Kinder des gegenwärtigen Zustandes, mit dem sie auch wieder dahinsterben; und der Fall ist äußerst selten, daß einer dem System, das er sich gemacht hat, unter entgegengesetzten Umständen treu bleibe.

Matthias Claudius

Es kann nicht alles ganz richtig sein in der Welt, weil die Menschen noch mit Betrügereien regiert werden müssen.

Georg Christoph Lichtenberg

Die irdischen Güter des Lebens

Ruhm und Reichtum ohne Verstand sind keine sicheren Besitztümer.

Demokrit

Ich halte den nicht für arm, dem das wenige genug ist, was er übrig hat.

Seneca an Lucilius

Der Arme rechnet dem Reichen die Großmut niemals als Tugend an.

Marie von Ebner-Eschenbach

Zum Heuchler werden. – Jeder Bettler wird zum Heuchler; wie jeder, der aus einem Mangel, aus einem Notstand (sei dies ein persönlicher oder ein öffentlicher) seinen Beruf macht. – Der Bettler empfindet den Mangel lange nicht so, als er ihn empfinden *machen* muß, wenn er vom Betteln leben will.

Friedrich Nietzsche

Es gibt wohl keinen Menschen in der Welt, der nicht, wenn er um 1000 Taler willen zum Spitzbuben wird, lieber um das halbe Geld ein ehrlicher Mann geblieben wäre.

Georg Christoph Lichtenberg

Moral ist gut, Erbschaft ist besser.

Theodor Fontane an seine Tochter Martha

Der Reichtum gleicht dem Seewasser: je mehr man davon trinkt, desto durstiger wird man.

Arthur Schopenhauer

Kaum hat mal einer ein bissel was,
Gleich gibt es welche, die ärgert das. –

Wilhelm Busch

Mein und Dein

Alles machet Mein und Dein,
daß man nicht kann friedlich sein.

Friedrich von Logau

Es gibt Leute, die wollen lieber einen Stehplatz in der ersten Klasse als einen Sitzplatz in der dritten. Es sind keine sympathischen Leute.

Kurt Tucholsky

Der Großmütige ist reich, und wenn er auch nur ein Stück Brot besitzt, das er mit einem Hungrigen teilen kann.

Marie von Ebner-Eschenbach

Einer teilt aus, und hat immer mehr; ein andrer kargt, da er nicht soll, und wird doch ärmer.

Die Sprüche Salomos

Muß man aber nicht schon aus dem einen Grund die Armut lieben, weil sie zeigt, von wem man geliebt wird?

Seneca

Viele gerieten zu Reichtum und haben damit nicht eine Befreiung von den Übeln gewonnen, sondern vielmehr eine Umwandlung in noch größere.

Epikur

Nie lebt reich, wer in Furcht zitternd und jammervoll
selbst bedürftig sich wähnet.

Boethius

Die Reichen sollten statt des täglich Brots in der Bitte um täglich Hunger bitten.

Jean Paul

Wo viel Geld ist, geht immer ein Gespenst um ...

Theodor Fontane

Reichtum macht das Herz schneller hart als kochendes Wasser ein Ei.

Ludwig Börne

Übermäßige Ungleichheit ist die verderbliche Pest eines Staats.

Christoph Martin Wieland

Gewinn anderer wird fast wie Verlust empfunden.

Wilhelm Busch

Die Sorgen, mit deren Last sich der Bevorzugte gegenüber dem Unterdrückten entschuldigt, sind eben die Sorgen um Erhaltung der Bevorzugung. *Franz Kafka*

Der Reichtum, dem Großmut und Rechtlichkeit fehlen, ist ein gefährlicher Nachbar. *Sappho*

Es ist sonderbar, daß diejenigen Leute, die das Geld am liebsten haben und am besten zu Rate halten, gerne im Diminutivo davon sprechen. »Da kann ich doch meine *sechshundert Tälerchen* dabei verdienen« – »ein hübsches Sümmchen.« – Wer so sagt, schenkt nicht leicht ein halbes Tälerchen weg. *Georg Christoph Lichtenberg*

Nicht im Besitz von Herden noch im Golde befindet sich das Lebensglück; Wohnsitz des Glückes ist die Seele.

Demokrit

Wer die materiellen Genüsse des Lebens seinen idealen Gütern vorzieht, gleicht dem Besitzer eines Palastes, der sich in der Gesindestuben einrichtet und die Prachtsäle leer stehen läßt. *Marie von Ebner-Eschenbach*

Sei gewiß, daß nichts dein Eigentum sei, was du nicht inwendig in dir hast.

Demophilos (nach Matthias Claudius)

Das Kleinste ist unerschöpflich, nur zuviel macht arm.

Alexander von Villers

Ich will ein König sein, der bettelt bei einer Königin, nicht ein Bettler, der König ist bei einer Bettlerin!!

Peter Altenberg

Wem Fortuna ein Haus geschenkt,
dem schenkt sie auch Möbel.

Wilhelm Busch

Der Asket. – Der Asket macht aus der Tugend eine Not.

Friedrich Nietzsche

Wer ganz unter dem Joch des Geldes steht, dürfte wohl niemals gerecht sein (können).

Demokrit

Reichtum wird wenig, wo man's vergeudet; was man aber zusammenhält, das wird groß.

Die Sprüche Salomos

Wer satt ist, wird nie einen Hungrigen verstehen.

Russisches Sprichwort

Es gibt in der Tat bei weitem mehr Arme, als Schiffbrüchige und Opfer äußerer Unglücksfälle, und viel mehr Krankheiten infolge von Armut, als infolge der Launen unseres Organismus oder der Feindseligkeit der Elemente.

Maurice Maeterlinck

Die übertriebene Anhäufung von Vermögen im (angeblichen) Interesse der Kinder ist nichts als ein Vorwand für Gewinnsucht, die damit ihren wahren Charakter verrät.

Demokrit

Besitz jeder Art ist etwas, das unsere Kräfte lähmt, unsere Träume verscheucht, unsere Unruhe beschwichtigt; Besitz ist etwas philiströses.

Egon Friedell

Arm ist nicht, wer nur wenig hat, sondern wer immer noch mehr begehrt.

Seneca an Lucilius

Der Weise hat immer mehr Dinge, die er will, als solche, die er nicht will.

Epikur

... wenn das Glück das höchste Gut eines Wesens ist, das mit Vernunft lebt, und nicht höchstes Gut ist, was irgendwie entrissen werden kann, da ja das, was sich nicht rauben läßt, es übertrifft, so liegt auf der Hand, daß die Unbeständigkeit des Zufalls nicht den Anspruch machen kann, das Glück zu erfassen.

Boethius

Vorhandenes Vermögen soll man betrachten als eine Schutzmauer gegen die vielen möglichen Übel und Unfälle; nicht als Erlaubnis oder gar Verpflichtung, die Plaisirs der Welt heranzuschaffen.

Arthur Schopenhauer

Wenn du zwei Pfennige hast, kaufe dir für einen Pfennig Brot, für den anderen aber Hyazinthen für deine Seele.

Fernöstliche Weisheit

Wem das Seinige nicht ausreicht, der ist arm, auch wenn er der Herr der ganzen Welt wäre.

Epikur

Kein Geld ist vorteilhafter angewandt, als das, um welches wir uns haben prellen lassen: denn wir haben dafür unmittelbar Klugheit eingehandelt.

Arthur Schopenhauer

Der Geist der Zeiten

Es ist eine Zeit, die sich durch neue Dinge und gar keine neuen Gedanken auszeichnet. *Elias Canetti*

Die Menschen sind als Organe ihres Jahrhunderts anzusehen, die sich meist unbewußt bewegen.

Johann Wolfgang Goethe

Was ein Mensch in seiner Kindheit aus der Luft der Zeit in sein Blut genommen, bleibt unausscheidbar.

Stefan Zweig

Man darf anders denken als seine Zeit, aber man darf sich nicht anders kleiden. *Marie von Ebner-Eschenbach*

Darin sind sich die Menschen aller Zeiten ähnlich gewesen, daß sie hartnäckig an sich selbst geglaubt haben.

Friedrich Heinrich Jacobi

Wenn's auch nicht wahr wäre, man wird doch immer sagen: die gute alte Zeit. *Alexander von Villers*

Unsere tiefe und höchst lächerliche Selbstsucht hält zunächst diejenigen Zeiten für glücklich, welche irgendeine Ähnlichkeit mit unserem Wesen haben; sie hält ferner diejenigen vergangenen Kräfte und Menschen für löblich, auf deren Tun unser jetziges Dasein und relatives Wohlbefinden gegründet scheint. Ganz als wäre Welt und Weltgeschichte nur unsertwillen vorhanden. Jeder hält nämlich seine Zeit für die Erfüllung der Zeiten und nicht bloß für eine der vielen vorübergehenden Wellen.

Jacob Burckhardt

Innerhalb einer Epoche gibt es keinen Standpunkt, eine Epoche zu betrachten. *Johann Wolfgang Goethe*

Ich kann nicht leugnen, mein Mißtrauen gegen den Geschmack der Zeit ist bei mir vielleicht zu einer tadelnswürdigen Höhe gestiegen, täglich zu sehen, wie Leute zum Namen Genie kommen, wie die Kelleresel zum Namen Tausendfuß, nicht weil sie so viel Füße haben, sondern weil die meisten nicht bis auf vierzehn zählen wollen, hat gemacht, daß ich keinem mehr ohne Prüfung glaube. *Georg Christoph Lichtenberg*

Die Aufgabe des großen Philosophen besteht nicht darin, korrekt zu schließen, sondern die Stimme seiner Zeit zu sein, das Weltgefühl seiner Epoche in ein System zu bringen. *Egon Friedell*

Wer gegen seine Zeit ankämpfet, hat verloren
Die Müh, gewonnen nur den Namen eines Toren.

Friedrich Rückert

Die Menschen gleichen ihrer Zeit mehr als ihren Vätern.

Arabische Weisheit

Wehe dem, der sich mit seiner Generation verzettelt!

Gerhart Hauptmann

Manch verwandtes Gemüt treibt mit mir im Strom des Jahrhunderts
Aber der Strom zerrinnt und wir erkannten uns nicht.

Johann Wolfgang Goethe / Friedrich Schiller

Jeder Zeit ihr Recht
Macht manchen armen Knecht.

Deutsches Sprichwort

Die Guten gehn im gleichen Schritt. Ohne von ihnen zu wissen, tanzen die andern um sie die Tänze der Zeit.

Franz Kafka

Was ihr den Geist der Zeiten heißt,
Das ist im Grund der Herren eigner Geist,
In dem die Zeiten sich bespiegeln.

Johann Wolfgang Goethe

X
Die Weisheit ersetzt die Schätze

Streben und Suchen

Im Viel-Denken, nicht im Viel-Wissen soll man sich üben.

Demokrit

Es genügt nicht zu denken, man muß auch atmen. Gefährlich die Denker, die nicht genug geatmet haben.

Elias Canetti

Klug ist nicht, der keine Fehler macht, sondern
Klug ist, der sie schnell zu verbessern versteht.

Bert Brecht

... diesen Fall gibt es, einen einzigen Fall, in dem sich der Mensch absichtlich, wissentlich Schädliches, Dummes, ja sogar das Allerdümmste wünscht, und zwar: um das *Recht zu haben*, sich sogar das Dümmste wünschen zu können und nicht gebunden zu sein durch die Pflicht, sich nur Kluges wünschen zu müssen.

Fjodor Dostojewskij

Trost

Nie verläßt uns der Irrtum, doch zieht ein höher
Bedürfnis
Immer den strebenden Geist leise zur Wahrheit hinan.

Friedrich Schiller

Um sein Nichtwissen wissen
Ist das Höchste.
Um sein Wissen nicht wissen
Ist krankhaft.

Lao-tse

Denken ist etwas, das auf Schwierigkeiten folgt und dem Handeln vorausgeht.

Bert Brecht

Denken ist Graben, und mit einem Senkblei messen. Viele Menschen haben keine Kräfte zum Graben, auch andere keinen Mut und Gewohnheit, das Blei ins Tiefe sinken zu lassen.

Rahel Varnhagen

Der Gedanke tritt zwischen den Menschen und das Leben; er verbrennt die Früchte, die es bietet.

Friedrich Hebbel

Wenn jemand meinte, die Bäume seien da, um den Himmel zu stützen, so müßten sie ihm alle zu kurz vorkommen.

Franz Grillparzer

Sage nicht alles, was Du weißt, aber wisse immer, was Du sagst.

Matthias Claudius

Alles Gescheite ist schon gedacht worden, man muß nur versuchen, es noch einmal zu denken.

Johann Wolfgang Goethe

Der Gedanke ist ein Gefundenes, ein Wiedergefundenes. Und wer ihn sucht, ist ein ehrlicher Finder, ihm gehört er, auch wenn ihn vor ihm schon ein anderer gefunden hätte.

Karl Kraus

Original. – Nicht daß man etwas Neues zuerst sieht, sondern daß man das Alte, Altbekannte, von jedermann Gesehene und Übersehene *wie neu* sieht, zeichnet die eigentlich originalen Köpfe aus. Der erste Entdecker ist gemeinhin jener ganz gewöhnliche und geistlose Phantast – der Zufall.

Friedrich Nietzsche

Weise erdenken die neuen Gedanken, und Narren verbreiten sie.

Heinrich Heine

Dingen, die zu sehen und zu hören Belehrung bringt, gebe ich den Vorzug.

Heraklit

Wie in allen Dingen, so leiden wir auch in der Wissenschaft am Zuviel; nicht für das Leben, sondern für die Schule lernen wir.

Seneca an Lucilius

Jede Stufe der Bildung fängt mit Kindheit an. Daher ist der am meisten gebildete, irdische Mensch dem Kinde so ähnlich.

Novalis

Wenn die Neugier sich auf ernsthafte Dinge richtet, dann nennt man sie Wissensdrang.

Marie von Ebner-Eschenbach

Ein verständiger Mann trägt nicht Klugheit zur Schau; aber das Herz der Narren ruft seine Narrheit aus.

Die Sprüche Salomos

Dumme Gedanken hat jeder, nur der Weise verschweigt sie.

Wilhelm Busch

Der Tor läuft den Genüssen des Lebens nach und sieht sich betrogen: der Weise vermeidet die Übel.

Arthur Schopenhauer

Nimm an die Weisheit, denn sie ist besser als Gold; und Verstand haben ist edler als Silber.

Die Sprüche Salomos

Nichts ist jämmerlicher als ein Mensch, der alles ergründen will, der die Tiefen der Erde ... durchforscht und, was in der Seele seines Nebenmenschen vorgeht, zu erraten sucht, ohne zu bedenken, daß er sich genügen lassen sollte, mit dem Genius, den er in sich hat, zu verkehren und diesem aufrichtig zu dienen. *Marc Aurel*

Wahrheit

Eine nur ist sie für alle, doch siehet sie jeder verschieden,
Daß es Eines doch bleibt, macht das verschiedene wahr.

Friedrich Schiller

Gewisse Dinge greift man so vergeblich mit Worten an wie Geister mit Waffen. *Wilhelm Busch*

Die Kunst – das Schöne

Wissenschaft und Kunst, oder wenn man will: Poesie und Prosa unterscheiden sich von einander wie eine Reise und eine Spazierfahrt. Der Zweck der Reise liegt im Ziel, der Zweck der Spazierfahrt im Weg.

Franz Grillparzer

Die Kunst ist das Gewissen der Menschheit.

Friedrich Hebbel

Kunst bringt das Leben in Unordnung. Die Dichter der Menschheit stellen immer wieder das Chaos her.

Karl Kraus

Denn bei einem Kunstwerke, wo am Ende doch alles auf eine gewisse Magie und also auf Täuschung hinausläuft, muß man die Zuschauer nicht gar zu nahe kommen und zu gelehrt werden lassen.

Christoph Martin Wieland

Ein rechter Künstler schildert nie, um zu gefallen, sondern um zu – *zeigen*.

Christian Morgenstern

Kunst ist das Feuer, in welches getan vom privaten Erlebnis das Private wegschmilzt. Manchmal bleibt dann freilich gar nichts mehr übrig.

Alfred Polgar

Es gibt Kunstwerke, zu denen die Fehler als ihre liebenswürdigsten Ingredienzien gehören.

Wilhelm Raabe

Künstler ist nur einer, der aus der Lösung ein Rätsel machen kann.

Karl Kraus

Die Poesie ist die Schminke des Lebens, die Kunst, uns über unsere Armut zu täuschen.

Friedrich Hebbel

Vermöge der Musik genießen sich die Leidenschaften selbst.

Friedrich Nietzsche

In den Dichtern träumt die Menschheit.

Friedrich Hebbel

Es liegt im menschlichen Geschlechte das wundervolle Ding der Schönheit. Wir alle sind gezogen von der Süßigkeit der Erscheinung und können nicht immer sagen, wo das Holde liegt. Es ist im Weltall, es ist in einem Auge, dann ist es wieder nicht in Zügen, die nach jeder Regel der Verständigen gebildet sind. Oft wird die Schönheit nicht gesehen, weil sie in der Wüste ist oder weil das rechte Auge nicht gekommen ist – oft wird sie angebetet und vergöttert und ist nicht da: aber fehlen darf sie nirgends, wo ein Herz in Inbrunst und Entzükken schlägt oder wo zwei Seelen aneinander glühen; denn sonst steht das Herz stille, und die Liebe der Seelen ist tot.

Adalbert Stifter

Alles Schöne, von welcher Art es auch sein mag, ist an und für sich schön, es ist in sich selbst vollendet, und das Lob bildet keinen Bestandteil seines Wesens.

Marc Aurel

Dem schönsten Antlitz fehlt zur höchsten Zierde,
Oft nur ein Blattergrübchen, eine Narbe.

Christian Dietrich Grabbe

Bei dem großen Schriftsteller hat jeder Satz ein Menschengesicht. *Friedrich Hebbel*

Wenn die Rose selbst sich schmückt,
Schmückt sie auch den Garten.

Friedrich Rückert

Erst seit auf Erden
Ein jeder weiß von der Schönheit des Schönen,
Gibt es die Häßlichkeit;
Erst seit ein jeder weiß von der Güte des Guten,
Gibt es das Ungute. *Lao-tse*

Schönheit

Schönheit ist ewig nur Eine, doch mannigfach wechselt das Schöne,
Daß es wechselt, das macht eben das Eine nur schön.

Friedrich Schiller

Es gibt keine verbreitete Schönheit. Schönheit ist immer rar. *Theodor Fontane*

Schönheit ist empfundener Rhythmus. Rhythmus der Wellen, durch die uns alles Außen vermittelt wird.

Oder auch: *Schön* ist eigentlich alles, was man mit Liebe betrachtet. Je mehr jemand die Welt liebt, desto schöner wird er sie finden.

Christian Morgenstern

»Warum bin ich vergänglich, o Zeus?« so fragte die
Schönheit.
»Macht ich doch«, sagte der Gott, »nur das Vergäng-
liche schön.«

Johann Wolfgang Goethe

Worte und Bücher

Die Sprache reicht zur Verständigung nicht aus.

Bert Brecht

Wörter sind Laternen, steckt ein Licht hinein,
Und sie geben einen guten Schein.

Friedrich Hebbel

Worte sind nur Worte, und wo sie gar leicht und behende dahin fahren; da sei auf Deiner Hut, denn die Pferde, die den Wagen mit Gütern hinter sich haben, gehen langsameren Schrittes.

Matthias Claudius

... ein Wortspiel ist ein glühendes Lockeneisen in der Hand der Narrheit, womit sie Gedanken krümmt.

E.T.A. Hoffmann

Die Sprache sei die Wünschelrute, die gedankliche Quellen findet.

Karl Kraus

Worte sind Fehlschüsse, leider aber unsere besten Treffer.

Gerhart Hauptmann

Sprache

Warum kann der lebendige Geist dem Geist nicht erscheinen!
Spricht die Seele so spricht ach! schon die *Seele* nicht mehr.

Friedrich Schiller

Der Geist einer Sprache offenbart sich am deutlichsten in ihren unübersetzbaren Worten.

Marie von Ebner-Eschenbach

Gefahr der Sprache für die geistige Freiheit. – Jedes Wort ist ein Vorurteil.

Friedrich Nietzsche

Wenn man viel selbst denkt, so findet man viele Weisheit in die Sprache eingetragen. Es ist wohl nicht wahrscheinlich, daß man alles selbst hineinträgt, sondern es liegt würklich viel Weisheit darin, so wie in den Sprichwörtern.

Georg Christoph Lichtenberg

Alles Sprechen und Schreiben heißt würfeln um den Gedanken. Wie oft fällt nur ein Auge, wenn alle sechs fallen sollten.

Friedrich Hebbel

Viele Sprachen lernen. – Viele Sprachen lernen füllt das Gedächtnis mit Worten statt mit Tatsachen und Gedanken, während dies ein Behältnis ist, welches bei jedem Menschen nur eine bestimmte begrenzte Masse von Inhalt aufnehmen kann.

Friedrich Nietzsche

Wer sich beständig ausschlußweise mit den Büchern beschäftigt, ist für das praktische Leben schon halb verloren.

Johann Gottfried Seume

Ein sicheres Zeichen von einem guten Buch ist, wenn es einem immer besser gefällt, je älter man wird.

Georg Christoph Lichtenberg

Erst durch das Lesen lernt man, wieviel man ungelesen lassen kann.

Wilhelm Raabe

Gewisse Bücher scheinen geschrieben zu sein, nicht damit man daraus lerne, sondern damit man wisse, daß der Verfasser etwas gewußt hat.

Johann Wolfgang Goethe

Ich lese, um die Gedanken an das, was mich ernstlich beschäftigt, loszuwerden; auch der Geist kriegt zuletzt Hühneraugen, und für Arbeit muß man sich frisch erhalten.

Alexander von Villers

Meine Bücher stehen mir überall auf meinem Lebensweg zur Seite und reichen mir hilfreich die Hand; sie trösten mich im Alter und in der Einsamkeit; sie nehmen mir die Last der Langenweile ab, die sich einstellt, wenn man nichts mehr zu tun hat, und machen alles wieder gut, wenn ich mich über die Menschen, mit denen ich zusammenkomme, ärgern muß; beim Lesen merke ich meine Schmerzen nicht, wenn sie nicht gar zu quälend und herrisch auftreten. Wenn ich von einer fixen Idee nicht loskommen kann, brauche ich nur zu einem Buch zu greifen; es nimmt mich gefangen, und ich denke nicht mehr daran; meine Bücher wissen wohl, daß ich mich mit ihnen nur abgebe, weil ich die anderen Freuden, die realer, lebendiger und natürlicher sind, nicht haben kann; und doch machen sie mir immer ein gleich freundliches Gesicht.

Michel de Montaigne

Wer viele Bücher hat und keines recht gelesen,
Ist wie ein Geiziger mit seinem Schatz gewesen.

Friedrich Rückert

Wenn ein Buch und ein Kopf zusammenstoßen, und es klingt hohl, ist das allemal im Buch?

Georg Christoph Lichtenberg

Ich glaube, man sollte überhaupt nur solche Bücher lesen, die einen beißen und stechen. Wenn das Buch, das wir lesen, uns nicht mit einem Faustschlag auf den Schädel weckt, wozu lesen wir dann das Buch?

Franz Kafka an Oskar Pollak

Eigentlich lernen wir nur von Büchern, die wir nicht beurteilen können. Der Autor eines Buchs, das wir beurteilen könnten, müßte von uns lernen.

Johann Wolfgang Goethe

Bücher sind Brillen, durch welche die Welt betrachtet wird; schwachen Augen freilich nötig, zur Stütze, zur Erhaltung. Aber der freie Blick ins Leben erhält das Auge gesünder.

Ernst von Feuchtersleben

Es ist sehr gut, die von andern hundertmal gelesenen Bücher immer noch einmal zu lesen; denn obgleich das Objekt einerlei bleibt, so ist doch das Subjekt verschieden.

Georg Christoph Lichtenberg

Nicht bei Montaigne, sondern in mir selbst finde ich alles, was ich dort sehe.

Blaise Pascal

Wem zu glauben ist, redlicher Freund, das kann ich dir sagen:
Glaube dem Leben; es lehrt besser als Redner und Buch.

Johann Wolfgang Goethe

Ich glaube, daß einige der größten Geister, die je gelebt haben, nicht halb so viel gelesen hatten, und bei weitem nicht so viel wußten, als manche unserer mittelmäßigen Gelehrten. Und mancher unserer mittelmäßigen Gelehrten hätte ein größerer Mann werden können, wenn er nicht so viel gelesen hätte.

Georg Christoph Lichtenberg

Die letzten Dinge

Kein Wesen ist eines Begriffs fähig, der es auflösen würde.

Friedrich Hebbel

Die verstehen sehr wenig, die nur das verstehen, was sich erklären läßt.

Marie von Ebner-Eschenbach

Wenn wir alles, was wir nicht begreifen, für bedeutungslos erklären, so liegt darin eine gefährliche und folgenschwere Dreistigkeit, abgesehen von der törichten Anmaßung, die damit verbunden ist ...

Michel de Montaigne

Gott schuf den Menschen nach seinem Bilde, sagt die Bibel, die Philosophen machen es grade umgekehrt, sie schaffen Gott nach dem ihrigen.

Georg Christoph Lichtenberg

Laß ab von diesem Zweifeln, Klauben,
Vor dem das Beste selbst zerfällt,
Und wahre dir den vollen Glauben
An diese Welt *trotz* dieser Welt.

Theodor Fontane

... das Wollen ist das Himmelreich der Menschen, das Vollbringen das der Götter.

Adalbert Stifter

Wir kennen die wahren Kräfte nicht, die unsere Entwicklung geheimnisvoll vorwärtstreiben; wir können einen tiefen Zusammenhang nur ahnen, niemals lückenlos beschreiben.

Egon Friedell

Für uns Menschen muß überall der Punkt, bis zu dem wir vordringen können, anstatt der Wahrheit gelten.

Friedrich Hebbel

Um ein Ding ganz zu kennen, muß man es seinen kleinsten Teilen nach kennen: und da es deren fast unendlich viele gibt, bleiben unsere Kenntnisse stets oberflächlich und unvollkommen.

La Rochefoucauld

Alles, was wir von der Welt »wissen«, sind Umschreibungen unserer Unwissenheit.

Wilhelm Raabe

Wir haben also unser Wahrheitsbild durch das Zusammenwirken unserer fünf Sinne, die wir zu Rate ziehen können, aufgebaut; aber vielleicht wären die gleichzeitigen Beiträge von acht oder zehn Sinnen nötig, um eine Wahrheit mit Sicherheit ihrem Wesen nach aufnehmen zu können.

Michel de Montaigne

Wer kann behaupten, daß die Naturgesetze ewig sind. Wir kennen nur das eine Ende davon.

Wilhelm Busch

Die Kunst besteht darin, sich über einiges nicht zu täuschen: winzige Felsinseln im Meer der Selbsttäuschung. An diese sich zu klammern und nicht zu ertrinken, ist das Äußerste, was ein Mensch zustande bringt.

Elias Canetti

Es gibt noch keine Wahrheit, aber es gibt überall drei gute Wahrscheinlichkeiten. Jeder wählt sich eine davon aus, oder besser, sie wählt ihn, und diese Wahl, die er trifft, oder die ihn trifft, geschieht oft ganz instinktiv. Er hält sich fortan an sie, und sie bestimmt Form und Inhalt aller Dinge, die auf ihn eindringen.

Maurice Maeterlinck

Physische Kraft und schöne Gestalt sind Gaben der Jugend; des Alters Blüte aber ist die Weisheit.

Demokrit

Willst du das Leben recht verstehn,
Mußt du's nicht nur von vorn besehn.
Von vorn betrachtet, sieht ein Haus
Meist besser als von hinten aus.

Wilhelm Busch

Wir sehen zwischen Tannen des hohen Jura hindurch in weiter Ferne einen berühmten Gipfel mit ewigem Schnee; er wird freilich zugleich von vielen andern Orten aus in anderer Art gesehen, durch Weinlauben über einen gewaltigen See hinweg, durch Kirchenfenster, durch enge Hallengassen Oberitaliens; er ist und bleibt aber derselbe Montblanc.

Jacob Burckhardt

Wirklich urteilen kann nur die Partei, als Partei aber kann sie nicht urteilen. Demnach gibt es in der Welt keine Urteilsmöglichkeit, sondern nur deren Schimmer.

Franz Kafka

Es ist Torheit, von unserem Geist die Fähigkeit zu erwarten, daß er beurteilen kann, was wahr und was falsch ist.

Michel de Montaigne

Gerade die sichersten Gewinne der Weisheit sind die auf den höchsten Grad gesteigerten Fähigkeiten, den Weg stets aufs neue anzutreten, nie zu ermüden, das Wunder des Nichtwissens überzeugend wach zu erhalten.

Alexander von Villers

Die gemeinsten Meinungen und was jedermann für ausgemacht hält, verdient oft am meisten untersucht zu werden.

August von Platen

Ich glaube, daß es die Aufgabe jedes Gebildeten wäre, auf möglichst vielen Gebieten bis zu dem Punkt vorzudringen, auf dem er seine positiven Kenntnisse fast ausnahmslos preisgeben muß.

Egon Friedell

Auf die Antwort kommt es nicht an, sondern auf die Frage. Die Frage ist Bedürfnis, sie soll es immer bleiben als treibende Kraft des Geistes.

Alexander von Villers

Glaube

Der Ungläubige glaubt mehr als er meint,
Der Gläubige weniger als ihm scheint.

Franz Grillparzer

Für die, welche an keine Unsterblichkeit glauben, gibt es auch keine.

Ludwig Börne

Nicht das Welträtsel läßt sich entziffern, aber es läßt sich vielleicht noch beweisen, warum dies nicht möglich ist.

Friedrich Hebbel

Man muß aufhören können zu fragen, im Täglichen wie im Ewigen.

Christian Morgenstern

Es ist ein großer Unterschied zwischen etwas *noch* glauben und es *wieder* glauben. Noch glauben, daß der Mond auf die Pflanze wirke, verrät Dummheit und Aberglaube, aber es *wieder* glauben zeugt von Philosophie und Nachdenken. *Georg Christoph Lichtenberg*

Der Gedanke an die Vergänglichkeit aller irdischen Dinge ist ein Quell unendlichen Leids – und ein Quell unendlichen Trostes. *Marie von Ebner-Eschenbach*

Wer ewig ohne Begehren,
Wird das Geheimste schaun;
Wer ewig hat Begehren,
Erblickt nur seinen Saum.

Lao-tse

So gibt ein großer und seiner besseren Natur bewußter Geist sich wohl Mühe, auf dem Platz gut und tüchtig auszuharren, wohin er gestellt ist, doch von dem, was um ihn ist, betrachtet er nichts als sein Eigentum, sondern er gebraucht es nur wie Geliehenes und eilt wie ein Fremdling daran vorüber. *Seneca an Lucilius*

Der Weise verzichtet auf alles, worauf sich irgend verzichten läßt; denn er weiß, daß jedes Ding eine Wolke von Unfrieden um sich hat. *Christian Morgenstern*

Im Kampf zwischen Dir und der Welt, sekundiere der Welt.

Franz Kafka

Zu schätzen wissen. Es gibt keinen, der nicht in irgend etwas der Lehrer des andern sein könnte: und jeder, der andere übertrifft, wird selbst noch von jemandem übertroffen werden. Von jedem Nutzen zu ziehn verstehn ist ein nützliches Wissen. Der Weise schätzt alle, weil er in jedem das Gute erkennt und weiß, wieviel dazu gehört, eine Sache gut zu machen. Der Dumme verachtet alle, weil er das Gute nicht kennt und das Schlechtere erwählt.

Balthasar Gracián

Wer die Menschen kennt, der ist klug;
Wer sich selber kennt, ist erleuchtet.
Wer andere Menschen besiegt, hat Gewalt;
Wer sich selbst besiegt, der ist stark.

Wer Genügen kennt, der ist reich;
Wer vorgeht mit Gewalt, der hat Willen.
Wer seinen Platz nicht verliert, der dauert;
Wer stirbt, ohne zu vergehn, lebt immerdar.

Lao-tse

Woran die Weisheit zu messen ist. – Der Zuwachs an Weisheit läßt sich genau nach der Abnahme an Galle bemessen.

Friedrich Nietzsche

Diejenigen allein leben in Muße, die ihre Zeit der Weisheit widmen, sie allein leben wahrhaft, denn sie benutzen nicht nur ihre eigene Lebenszeit gut, sondern sie machen sogar jedes andere Zeitalter zu dem ihrigen.

Seneca

Die Ehrfurcht vor dem Weisen ist ein großes Gut für den Ehrfürchtigen.

Epikur

Von der alles überragenden Stellung des Weisen läßt sich lang und breit reden, die kürzeste Definition aber lautet: Weisheit ist das Wissen von den göttlichen und menschlichen Dingen und die Erkenntnis der Ursache jeglicher Erscheinung.

Cicero

Die Unerschütterlichkeit der Weisen ist nichts anderes als die Kunst, Stürme in ihrem Herzen zu verschließen.

La Rochefoucauld

Leidenschaftslos sein: eine Eigenschaft der höchsten Geistesgröße, deren Überlegenheit selbst sie loskauft vom Joche gemeiner äußerer Eindrücke. Keine höhere Herrschaft als die über sich selbst und über seine Affekte: sie wird zum Triumph des freien Willens.

Balthasar Gracián

Das Leben als Ertrag des Lebens. – Der Mensch mag sich noch so weit mit seiner Erkenntnis ausrecken, sich selber noch so objektiv vorkommen: zuletzt trägt er doch nichts davon als seine eigne Biographie.

Friedrich Nietzsche

Alle Weisheit ist nur so lange weise, bis sie widerlegt wird.

Theodor Fontane an seine Frau Emilie

Die Weisheit ersetzt die Schätze; wem sie diese entbehrlich gemacht hat, dem gibt sie Schätze (anderer Art) in reicher Fülle wieder.

Seneca an Lucilius

Tröstungen 2
Alles geht in einem Tage dahin

Der Mensch sollte nach der ersten Liebe und der ersten Freundschaft sterben: so wäre doch das Leben ihm ein Leben.

Jean Paul

Glaubst du, irgendein Bestand sei in menschlichen Dingen, wo doch den Menschen selbst häufig eine rasche Stunde auflöst? Denn wenn auch in seltenen Fällen die

Dinge des Zufalls Stete im Bleiben besitzen, so ist doch auf jeden Fall der letzte Tag des Lebens auch des bleibenden Glückes Tod.

Boethius

Und wenn du dreitausend Jahre lebtest, selbst dreißigtausend, so erinnere dich dennoch, daß keiner ein anderes Leben verliert als das, was er wirklich lebt, und kein anderes lebt, als das, was er verliert.

Marc Aurel

Die ewige Illusion, daß das Leben noch vor einem liege. Das Leben liegt *immer* hinter einem.

Wilhelm Raabe

Es ist unmöglich, zweimal in denselben Fluß hineinzusteigen.

Heraklit

Es gibt keine leere oder armselige Vergangenheit, es gibt keine kläglichen Ereignisse, sondern nur solche, die kläglich aufgenommen werden. Wenn Dir wirklich nichts begegnet ist, so wäre dies das außerordentlichste Ereignis, das je einem Menschen begegnet ist, und Du könntest ihm ein ebenso außerordentliches Licht entlocken.

Maurice Maeterlinck

Weder die Zukunft gehört mir noch die Vergangenheit. Ich hänge an einem Augenblick der flüchtigen Zeit, und es ist schon viel, wenn man mit ihr maßvoll war. Sehr hübsch antwortete jener weise Laelius auf die Äußerung eines Mannes, der sagte: »Ich habe 60 Jahre.« – »Du meinst wohl die 60 Jahre, die du nicht mehr hast.«

Seneca

Zeit

Aller Dinge Gehalt, er wird durch dich nur entschieden,
Leise Gottheit, auch mich richtest du, richte gelind.

Johann Wolfgang Goethe / Friedrich Schiller

Es ist zum Erstaunen, wie sehr das Wort *unendlich* gemißbraucht wird; alles ist *unendlich schön, unendlich besser* usw. Der Begriff muß etwas Angenehmes haben, sonst hätte der Mißbrauch nicht so allgemein werden können. Was haben die Alten davon?

Georg Christoph Lichtenberg

Vergessen und Vergessenwerden! –
Wer lange lebt auf Erden,
Der hat wohl diese beiden
Zu lernen und zu leiden.

Theodor Storm

Die Zukunft ist die Gegenwart des Voraus-Schauers!!

Peter Altenberg

Man sollte beständig die Wirkung der Zeit und die Wandelbarkeit der Dinge vor Augen haben und daher bei Allem, was jetzt Statt findet, sofort das Gegenteil davon imaginieren; also im Glücke das Unglück, in der Freundschaft die Feindschaft, im schönen Wetter das schlechte, in der Liebe den Haß, im Zutrauen und Eröffnen den Verrat und die Reue, und so auch umgekehrt, sich lebhaft vergegenwärtigen. Dies würde eine bleibende Quelle wahrer Weltklugheit abgeben, indem wir stets besonnen bleiben und nicht so leicht getäuscht werden würden.

Arthur Schopenhauer

Die Zeit ist ein Fluß, ein ungestümer Strom, der alles fortreißt. Jegliches Ding, nachdem es kaum zum Vorschein gekommen, ist auch schon wieder fortgerissen, ein anderes wird herbeigetragen, aber auch das wird bald verschwinden.

Marc Aurel

Das, was *war*, wirkt auf uns allemal tiefer als das, was *ist*.

Egon Friedell

In Wahrheit ist die Macht der Vergangenheit eine der schwersten, die auf dem Menschen lasten und ihn zur Trübsal niederbeugen.

Maurice Maeterlinck

Da die Gegenwart uns nie verläßt: bemerken wir gar nicht das schnelle raubende Vorbeigehen der Vergangenheit.

Jean Paul

Zerstreuung.

Da die Menschen nicht Tod, Elend und Unwissenheit heilen konnten, sind sie, um sich glücklich zu machen, auf den Einfall gekommen, nicht daran zu denken.

Blaise Pascal

Weil sie den Tod fürchten, gelüstet es die Toren zu leben, statt sich vor dem Greisenalter zu fürchten. *Demokrit*

Ich werde sterben. Damit sagst du doch nur, ich kann nicht mehr krank werden, ich kann nicht mehr gefesselt werden, ich kann nicht mehr sterben. *Seneca*

Wie kurz ist das Leben, und warum wollen wir es mit unsern Beängstigungen noch mehr verkürzen?

Ludwig Tieck

Es sind in der Welt viele Mittel ehrlich zu leben: und wenn keines mehr ist, finden sich doch einige, nicht mehr zu leben. Wer nach reiner Überzeugung seine Pflicht getan hat, darf sich am Ende, wenn ihn die Kräfte verlassen, nicht schämen abzutreten.

Johann Gottfried Seume

Das Leben wird schließlich mit dem Tode bestraft.

Wilhelm Busch

Es ist ein gut Ding um den Tod,
Er hilft uns ja aus aller Not.

Deutsches Sprichwort

Die Kürze des Lebens macht uns schlecht. Es wäre nun erst auszuprobieren, ob eine allfällige Länge des Lebens uns nicht auch schlecht machen würde. *Elias Canetti*

Eine Kunst, das Leben zu verlängern? . . . Lehrt den, der es kennengelernt hat, lieber die Kunst, es zu ertragen!

Ernst von Feuchtersleben

Es gibt keine Schrittzähler des Lebens, nur Siebenmeilenstiefelschrittzähler; merkte ein Mensch alle Stunden, er brauchte ja ein Leben, um ein Leben zu erzählen.

Jean Paul

Es ist ein gewöhnliches, aber ein wirksames Hilfsmittel zur Todesverachtung, sich diejenigen zu vergegenwärtigen, die mit Zähigkeit am Leben hingen. *Marc Aurel*

Der Tod begeht keinen Fehler, wenigstens macht er keinen wieder gut. *Friedrich Hebbel*

Es ist unser Tod, der unser Leben lenkt, und unser Leben hat kein anderes Ziel, als unsern Tod. Unser Tod ist die Form, in der unser Leben verfließt, und er ist es, der unser Antlitz gebildet hat.

Maurice Maeterlinck

Da man in das Leben sich hat fügen müssen, wieviel leichter sollte man sich in den Tod fügen können.

Wilhelm Raabe

Der Tod hat einen schlechten Ruf. Niemand von denen, die gegen ihn Klage erheben, hat ihn erfahren. Aber es ist doch leichtfertig, etwas zu verurteilen, was man nicht kennt. Dies hingegen weißt du: für wie viele er nützlich ist, wie viele er von Qualen befreit, von Not, Klagen, Martern und Lebensekel.

Seneca

Nicht alles Wünschenswerte ist erreichbar, nicht alles Erkennenswerte erkennbar.

Johann Wolfgang Goethe

Zerstreuung.

Der Tod ist leichter zu ertragen, wenn man nicht an ihn denkt, als der Gedanke an den Tod, wenn man außer Gefahr ist.

Blaise Pascal

Wer weiß, ob leben nicht soviel wie sterben ist,
das Sterben aber drunten nicht für Leben gilt?

Euripides

Das schönste Gefühl auf dieser Erde: nicht mehr nötig zu sein. Nicht mehr gebraucht zu werden. Macht damit, was ihr wollt.

Wilhelm Raabe

Wen der Glanz des Nachruhms blendet, erwägt nicht, daß jeder von denen, die seiner gedenken, bald selbst sterben wird, und so hinwiederum jegliches folgende Geschlecht, bis endlich dieser ganze Ruhm, nachdem er durch einige sterbliche Wesen fortgepflanzt worden ist, mit diesen selbst stirbt.

Marc Aurel

Mit der Zeit kommt alles, Orden – Titel – Tod.

Theodor Fontane

Alles geht in einem Tage dahin, sowohl der Rühmende als der Gerühmte.

Marc Aurel

Klassische Nachsätze

Alles, was von irgendeinem treffend gesagt worden ist, gehört mir.

Seneca

Eine Sammlung von Anekdoten und Maximen ist für den Weltmann der größte Schatz, wenn er die ersten an schicklichen Orten ins Gespräch einzustreuen, der letzten im treffenden Falle sich zu erinnern weiß.

Johann Wolfgang Goethe

Mottos

Setze nur immer Mottos auf deine Journale, sie zeigen
Alle die Tugenden an, die man an dir nicht bemerkt.

Johann Wolfgang Goethe / Friedrich Schiller

Die Wahlsprüche deuten auf das, was man nicht hat, wonach man strebt. Man stellt sich solches wie billig immer vor Augen.

Johann Wolfgang Goethe

Lob der Sentenz. – Eine gute Sentenz ist zu hart für den Zahn der Zeit und wird von allen Jahrtausenden nicht aufgezehrt, obwohl sie jeder Zeit zur Nahrung dient:

dadurch ist sie das große Paradoxon in der Literatur, das Unvergängliche inmitten des Wechselnden, die Speise, welche immer geschätzt bleibt wie das Salz, und niemals, wie selbst dieses, dumm wird. *Friedrich Nietzsche*

Die großen Aphoristiker lesen sich so, als ob sie alle einander gut gekannt hätten. *Elias Canetti*

Die Zauberkraft der Sprache macht eben das Leben im Handumdrehen zu einem leichten Joch, das uns sanftgeschwungen aufliegt. Das kann man bei jedem Bonmot empfinden, ja, schon bei irgendeinem treffenden Vergleich. *Heimito von Doderer*

Ein Aphorismus ist etwas, was dem *Schreibenden* einen Essay als Kommentar erspart, den *Lesenden* jedoch infolgedessen aufs höchste schockiert. *Peter Altenberg*

Abschied an den Leser

Wenn du von allem dem, was diese Blätter füllt,
Mein Leser, nichts des Dankes wert gefunden:
So sei mir wenigstens für das verbunden,
Was ich zurück behielt.

Gotthold Ephraim Lessing

Es gibt keine neuen Wahrheiten auf Erden; und gerade in diesen kleinen Sätzen dachtest du sie zu finden?

Arthur Schnitzler

Textnachweise

Altenberg, Peter: Diogenes in Wien. Aphorismen, Skizzen und Geschichten. Hrsg. von Dietrich Simon. 2 Bde. Berlin: Verlag Volk und Welt, 1979.

Antike Weisheit. Hrsg. von Marion Giebel. Stuttgart: Reclam, 1995.

Benjamin, Walter: Einbahnstraße. In: W. B.: Gesammelte Schriften. Hrsg. von Rolf Tiedemann und Hermann Schweppenhäuser. Bd. 4,1. Hrsg. von Tillmann Rexroth. Frankfurt a. M.: Suhrkamp, 1991. – © 1972 Suhrkamp Verlag, Frankfurt am Main.

Die Bibel oder die ganze Heilige Schrift des Alten und Neuen Testaments nach der deutschen Übersetzung Martin Luthers. Neu durchges. nach dem vom Deutschen Evangelischen Kirchenausschuß genehmigten Text (1912). Stuttgart: Deutsche Bibelgesellschaft Stuttgart, 1951.

Börne, Ludwig: Sämtliche Schriften. Neu bearb. und hrsg. von Inge und Peter Rippmann. Bd. 1: Aphorismen [1808–10]. Bd. 2: Aphorismen und Miscellen. Düsseldorf: Melzer, 1964.

Boethius: Trost der Philosophie. Übers. und hrsg. von Karl Büchner. Stuttgart: Reclam, 1971 [u. ö.].

Brecht, Bertolt: Die Stücke in einem Band. Frankfurt a. M.: Suhrkamp, 1978. – © 1978 Suhrkamp Verlag, Frankfurt am Main. – Zit. als: Stücke.

– Me-ti. Buch der Wendungen. Frankfurt a. M.: Suhrkamp, 1979. – © 1979 Suhrkamp Verlag, Frankfurt am Main.

Brod, Max / Kafka, Franz: Eine Freundschaft. Briefwechsel. Bd. 2. Hrsg. von Malcolm Pasley. Frankfurt a. M.: S. Fischer, 1989. – Zit. als: Brod/Kafka.

Büchner, Georg: Dantons Tod. Stuttgart: Reclam, 1979 [u. ö.]. (Universal-Bibliothek. 6060.)

– Gesammelte Werke. Hrsg. von Gerhard P. Knapp. München: Goldmann, 1978. – Zit. als: Werke.

Burckhardt, Jacob: Größe, Glück und Unglück in der Weltgeschichte. Wiesbaden: Insel Verlag, 1959.

Weltgeschichtliche Betrachtungen. Hrsg. von Rudolf Marx. Stuttgart: Kröner, 1978.

Busch, Wilhelm: Sämtliche Werke und eine Auswahl der Skizzen und Gemälde in zwei Bänden. Hrsg. von Rolf Hochhuth. Bd. 2: Was beliebt ist auch erlaubt. Gütersloh: Bertelsmann, ^{4}1988.

Canetti, Elias: Gesammelte Werke in 8 Bänden. Bd. 4: Aufzeichnungen 1942–1985. München: Hanser, 1993. – © 1993 Carl Hanser Verlag, München.

Cicero zum Vergnügen. »Stillsitzen kann ich einfach nicht«. Hrsg. und übers. von Marion Giebel. Stuttgart: Reclam, 1997.

Claudius, Matthias: Ausgewählte Werke. Hrsg. von Walter Münz. Stuttgart: Reclam, 1990.

Demokrit: Fragmente zur Ethik. Griech./Dt. Neu übers. und komm. von Gred Ibscher. Stuttgart: Reclam, 1996.

Deutsche Aphorismen. Hrsg. von Gerhard Fieguth. Stuttgart: Reclam, 1978 [u. ö.].

Die deutschen Sprichwörter. Gesammelt von Karl Simrock. Stuttgart: Reclam, 1988 [u. ö.].

Doderer, Heimito von: Die Dämonen. München: C. H. Beck, 1995. – © 1956 C. H. Beck'sche Verlagsbuchhandlung, München. [Die erste Auflage ist im Biederstein Verlag erschienen.]

– Repertorium. Ein Begreifbuch von höheren und niederen Lebens-Sachen. Hrsg. von Dietrich Weber. München: C. H. Beck, 1996. – © 1969 C. H. Beck'sche Verlagsbuchhandlung, München. [Die erste Auflage ist im Biederstein Verlag erschienen.]

Dostojewskij, Fjodor: Aufzeichnungen aus dem Kellerloch. Übers. von Swetlana Geier. Stuttart: Reclam, 1970 [u. ö.]. (Universal-Bibliothek. 8021.) – © für die Übersetzung 1984 Rowohlt Verlag GmbH, Reinbek bei Hamburg.

Ebner-Eschenbach, Marie von: Aphorismen. Nachw. von Ingrid Cella. Stuttgart: Reclam, 1988 [u. ö.]. (Universal-Bibliothek. 8455.)

Eichendorff, Joseph von: Viel Lärmen um Nichts. In: J. v. E: Sämtliche Erzählungen. Hrsg. von Hartwig Schultz. Stuttgart: Reclam, 1990. (Universal-Bibliothek. 2352.)

Elisabeth von Österreich: Frei sollen die Frauen sein. Wien/München: Brandstätter, 1998.

Epikur: Von der Überwindung der Furcht. Übers. von Olof Gigon. Zürich: Artemis Verlag, ^{3}1983. – © für die deutsche Übersetzung 1949 Artemis Verlags-AG, Zürich.

Fontane, Theodor: Briefe. 4 Bde. Hrsg. von Helmuth Nürnberger [u. a.]. München: Hanser, 1976–82. – Zit. als: Briefe H.

Fontane, Theodor: Briefe. 4 Bde. Hrsg. von Kurt Schreinert. Zu Ende gef. und mit einem Nachw. vers. von Charlotte Jolles. Berlin: Propyläen Verlag, 1968–71. – Zit. als: Briefe P.
– Briefe an Georg Friedlaender. Aufgrund der Edition von Kurt Schreinert und der Handschriften neu hrsg. von Walter Hettche. Mit einem Essay von Thomas Mann. Frankfurt a. M.: Insel Verlag, 1994. – Zit. als: Fontane/Friedlaender.
– Der Briefwechsel zwischen Theodor Fontane und Paul Heyse. Hrsg. von Gotthard Erler. Berlin/Weimar: Aufbau-Verlag, 1972. – Zit. als: Fontane/Heyse.
– Sämtliche Werke. Nymphenburger Ausgabe. Hrsg. von Edgar Groß, Kurt Schreinert [u. a.]. 24 Bde. München: Nymphenburger Verlagshandlung, 1959–79.
– Sämtliche Werke. Romane, Erzählungen, Gedichte. Bd. 6. Hrsg. von Walter Keitel. München: Hanser, 1964. – Zit. als: Werke.
– Schach von Wuthenow. Erzählungen aus der Zeit des Regiments Gensdarmes. Stuttgart: Reclam, 1961 [u. ö.]. (Universal-Bibliothek. 7688.)
– Der Stechlin. Roman. Stuttgart: Reclam, 1978 [u. ö.]. (Universal-Bibliothek. 9910.)
– Fontane zum Vergnügen. »Alles kommt auf die Beleuchtung an«. Hrsg. von Christian Grawe. Stuttgart: Reclam, 1994.
Franz von Sales: Philothea. Übers. und eingel. von Otto Karrer. München: Als Sacra, ²1952.
Friedell, Egon: Kultur ist Reichtum an Problemen. Hrsg. von Heribert Illig. Zürich: Haffmans, 1989.
– Kulturgeschichte der Neuzeit. Die Krisis der europäischen Seele von der Schwarzen Pest bis zum Ersten Weltkrieg. 1927–1931. Einbändige Ausgabe. München: C. H. Beck, 1960. – © 1960 C. H. Beck'sche Verlagsbuchhandlung, München.
Goethe, Johann Wolfgang: Werke in 12 Bänden. Berlin/Weimar: Aufbau Verlag, 1981.
Grabbe, Christian Dietrich: Don Juan und Faust. Stuttgart: Reclam, 1963 [u. ö.]. (Universal-Bibliothek. 290.)
Gracián, Balthasar: Handorakel und Kunst der Weltklugheit. Übers. von Arthur Schopenhauer. Hrsg. von Arthur Hübscher. Stuttgart: Reclam, 1954 [u. ö.]. (Universal-Bibliothek. 2771.)
Grillparzer, Franz: Werke [ab 1916: Sämtliche Werke]. Hist.-krit. Gesamtausg. Hrsg. von August Sauer, fortgef. von Reinhold

Backmann. Wien/Leipzig: Gerlach & Weidling, bzw. Wien: Schroll, 1909–48. – Zit. als: Werke.

Gryphius, Andreas: Gedichte. Eine Auswahl. Hrsg. von Albert Elschenbroich. Stuttgart: Reclam, 1968 [u. ö.]. (Universal-Bibliothek. 8799.)

Gutzkow, Karl: Vom Baum der Erkenntnis. In: K. G.: Werke. Auswahl in 12 Teilen. Hrsg. von Reinhold Gensel. Tl. 12. (Bd. 4.) Berlin/Leipzig: Bong, [1912].

Hauptmann, Gerhart: Sämtliche Werke. Hrsg. von Hans-Egon Hass, fortgef. von Martin Machatzke und Wolfgang Bungies. Bd. 4: Erzählungen. Theoretische Prosa. Bd. 6: Erzählungen. Theoretische Prosa. Frankfurt a. M. / Berlin: Propyläen Verlag, 1963. (Centenar-Ausgabe.) – © 1963 Verlag Ullstein GmbH, Frankfurt am Main und Berlin. – Zit. als: Werke.

Hebbel, Friedrich: Werke. Hrsg. von Gerhard Fricke, Werner Keller und Karl Pörnbacher. Bd. 5: Tagebücher 2. Briefe. München: Hanser, 1967. – Zit als: Werke I.

– Werke in zehn Teilen. Hrsg. von Theodor Poppe. Tl. 9: Tagebücher 1. Tl. 10: Tagebücher 2. Berlin [u. a.]: Bong, [o. J.]. – Zit. als: Werke II.

Hebel, Johann Peter: Poetische Werke. Wiesbaden: Vollmer, [o. J.].

– Schatzkästlein des rheinischen Hausfreundes. Hrsg. von Gertrud Fussenegger. Salzburg/Wien: Residenz Verlag, 1975.

Hegel, Georg Wilhelm Friedrich: Grundlinien der Philosophie des Rechts oder Naturrecht und Staatswissenschaft im Grundrisse. Hrsg. von Bernhard Lakebrink. Stuttgart: Reclam, 1970 [u. ö.]. (Universal-Bibliothek. 8388.)

Heine, Heinrich: Sämtliche Schriften in zwölf Bänden. Hrsg. von Klaus Briegleb. Bd. 3: Schriften 1822–1831. Hrsg. von Günter Häntzschel. Bd. 11: Schriften 1851–1855. Hrsg. von Walter Klaar. München/Wien: Hanser, 1976.

Hesse, Hermann: Gesammelte Werke. Bd. 9: Das Glasperlenspiel. Frankfurt a. M.: Suhrkamp, 1970. – © 1970 Suhrkamp Verlag, Frankfurt am Main.

Hölderlin, Friedrich: Hyperion oder Der Eremit in Griechenland. Hrsg. von Jochen Schmidt. Frankfurt a. M.: Insel Verlag, 1979.

– Werke in vier Teilen. Berlin [u. a.]: Bong, [o. J.].

Hoffmann, E. T. A.: Die Brautwahl. Frankfurt a. M.: Insel Verlag, 1988.

Hoffmann, E. T. A.: Die Elexiere des Teufels. Nachgelassene Papiere des Bruders Medardus, eines Kapuziners. Hrsg. von Wolfgang Nehring. Stuttgart: Reclam, 1985 [u. ö.]. (Universal-Bibliothek. 192.)

Horaz: Sämtliche Gedichte. Lat./Dt. Übers. und hrsg. von Bernhard Kytzler. Stuttgart: Reclam, 1992.

Jean Paul: Ideen-Gewimmel. Texte & Aufzeichnungen aus dem unveröffentlichten Nachlaß. Hrsg. von Thomas Wirtz und Kurt Wölfel. Frankfurt a. M.: Eichborn, 1996. – © 1996 Vito von Eichborn GmbH & Co. Verlag KG, Frankfurt am Main. – Die Orthographie wurde modernisiert.

– Titan. 2 Bde. Berlin/Weimar: Aufbau Verlag, 1986.

Kafka, Franz: Beschreibung eines Kampfes. Novellen, Skizzen, Aphorismen aus dem Nachlaß. Hrsg. von Max Brod. Frankfurt a. M.: Fischer Taschenbuch Verlag, 1983. – Zit. als: Nachlaß I.

– Briefe. 1902–1924. Frankfurt a. M.: S. Fischer, [1958]. – Zit. als: Briefe.

– Briefe an Milena. Hrsg. von Jürgen Born und Michael Müller. Frankfurt a. M.: S. Fischer, 1983. – Zit. als: Briefe an Milena.

– Hochzeitsvorbereitungen auf dem Lande und andere Prosa aus dem Nachlaß. Hrsg. von Max Brod. Frankfurt a. M.: Fischer Taschenbuch Verlag, 1983. – Zit. als: Nachlaß II.

– Nachgelassene Schriften und Fragmente. Bd. 2. Hrsg. von Jost Schillemeit. Frankfurt a. M.: S. Fischer, 1992. – Zit. als: Nachlaß III.

– Tagebücher. 1910–1923. Hrsg. von Max Brod. Frankfurt a. M.: S. Fischer, ^{2}1983.

Kleist, Ewald Christian von: Märkischer Dichtergarten. Ihn foltert Schwermut, weil er lebt. Gedichte, Prosa, Stücke und Briefe. Hrsg. von Gerhard Wolf. Frankfurt a. M.: S. Fischer, 1983.

Kraus, Karl: Schriften. Hrsg. von Christian Wagenknecht. Bd. 8: Aphorismen. Sprüche und Widersprüche. Pro domo et mundo. Nachts. Frankfurt a. M.: Suhrkamp, 1986. – © 1986 Suhrkamp Verlag, Frankfurt am Main.

Kürnberger, Ferdinand: Der Amerikamüde. Roman. Berlin: Verlag Volk und Welt, 1985.

Lao-Tse: Tao-Tê-King. Das Heilige Buch vom Weg und von der Tugend. Übers. von Günther Debon. Stuttart: Reclam, 1979 [u. ö.]. (Universal-Bibliothek. 6798.)

La Rochefoucauld, [François de]: Maximen und Reflexionen. Übers. von Konrad Nußbächer. Stuttgart: Reclam, 1965 [u. ö.]. (Universal-Bibliothek. 678.)
Lenau, Nikolaus: Sämtliche Werke in zwei Bänden. Mit Einl. von H. Löbner. Bd. 1: Gedichte. Lyrisch-epische Dichtungen. Lyrischer Nachlaß. Berlin/Leipzig: Knaur, [o. J.].
Lessing, Gotthold Ephraim: Werke in sechs Bänden. Auf Grund der von Julius Petersen und Waldemar von Olshausen bes. Ausg. neu bearb. von Fritz Fischer. Bd. 1: Gedichte und Fabeln. Jugenddramen. Bd. 2: Dramen. Bd. 3: Literaturkritik. Zürich: Stauffacher, 1965.
Lichtenberg, Georg Christoph: Gedanken. Satiren. Fragmente. Hrsg. von Wilhelm Herzog. Bd. 1. Jena: Diederichs, 1907.
– Schriften und Briefe. Hrsg. von Wolfgang Promies. Bd. 1: Sudelbücher 1. München: Hanser, 1968. Bd. 2: Sudelbücher 2. Materialhefte. Tagebücher. München: Hanser, 1971.
Lob des Brotes. Hrsg. vom Deutschen Brotmuseum. Ulm: Verlagsgesellschaft, 1990.
Logau, Friedrich von: Deutsche Sprüche. München: Piper, 1916.
Maeterlinck, Maurice: Das Leben der Bienen. Jena: Diederichs, 1929.
– Vom Tode. Übers. von Friedrich von Oppeln-Bronikowski. Jena: Diederichs, 1914.
– Von der inneren Schönheit. Hrsg. von Maria Kühn. Düsseldorf/Leipzig: Langewiesche, [1912].
Marc Aurel: Selbstbetrachtungen. Übers. von Albert Wittstock. Stuttgart: Reclam, 1949 [u. ö.].
Montaigne, Michel de: Die Essais. Hrsg. und übers. von Arthur Franz. Leipzig: Dieterich, 1953. – © für die Übersetzung 1953, 1992 Sammlung Dieterich Verlagsgesellschaft mbH, Leipzig.
Morgenstern, Christian: Werke und Briefe. Stuttgarter Ausgabe. Kommentierte Ausg. Hrsg. von Maurice Cureau [u. a.]. Bd. 5: Aphorismen. Hrsg. von Reinhardt Habel. Stuttgart: Urachhaus, 1987.
Nietzsche, Friedrich: Also sprach Zarathustra. Ein Buch für Alle und Keinen. Nachw. von Josef Simon. Stuttgart: Reclam, 1994. (Universal-Bibliothek. 7111.)
– Götzendämmerung. Der Antichrist. Ecce Homo. Gedichte. Hrsg. von Alfred Baeumler. 2 Bde. Leipzig: Kröner, 1930.

Nietzsche, Friedrich: Jenseits von Gut und Böse. Nachw. von Volker Gerhardt. Stuttgart: Reclam, 1988 [u. ö.]. (Universal-Bibliothek. 7114.)

– Menschliches Allzumenschliches. Mit einem Vorw. von Alfred Baeumler. 2 Bde. Leipzig, Kröner, 1930.

Novalis: Schriften. Bd. 3: Das philosophische Werk 2. Hrsg. von Richard Samuel. 3., durchges. und rev. Ausg. Stuttgart [u. a.]: Kohlhammer, 1983.

– Werke in einem Band. Hrsg. von Hans-Joachim Mähl und Richard Samuel. Komm. von Hans-Joachim Simm. München/Wien: Hanser, 1981. – Die Orthographie wurde modernisiert.

Pascal, Blaise: Gedanken. Hrsg. von Jean-Robert Armogathe. Übers. von Ulrich Kunzmann. Stuttgart: Reclam, 1997.

Platen, August von: Abgerissene Gedanken. In: A. v. P.: Sämtliche Werke in 12 Bänden. Hist.-krit. Ausg. Hrsg. von Max Koch und Erick Petzet. Bd. 11. Leipzig: Hesse, [o. J.].

Polgar, Alfred: Handbuch des Kritikers. Wien/Hamburg: Zsolnay, 1980. – © 1980 Paul Zsolnay Verlag GmbH, Wien und Hamburg.

Raabe, Wilhelm: Notizen und Lebensrückblick. In: W. R.: Gesammelte Werke in drei Bänden. Hrsg. von Hans Jürgen Meinerts. Bd. 3. Gütersloh: Mohn, [o. J.].

Reclams Zitatenlexikon. Hrsg. von Johannes John. Stuttgart: Reclam, 1993.

Rilke, Rainer Maria: Die Aufzeichnungen des Malte Laurids Brigge. Hrsg. von Manfred Engel. Stuttgart: Reclam, 1997. (Universal-Bibliothek. 9262.)

Rosegger, Peter: Die Försterbuben. Erdsegen. Wien: Kremayr & Scheriau, [o. J.]. – Zit. als: Erdsegen.

– Die Schriften des Waldschulmeisters. Das ewige Licht. Wien: Kremayr & Scheriau, [o. J.]. – Zit. als: Waldschulmeister.

Rückert, Friedrich: Gedichte. Hrsg. von Walter Schmitz. Stuttgart: Reclam, 1988. (Universal-Bibliothek. 3672.)

Sauter, Ferdinand: Leben und Gedichte. Hrsg. von Hans Deißinger und Otto Pfeiffer. Wien: Gerold, 1927.

Schiller, Friedrich: Ausgewählte Werke. Hrsg. von Ernst Müller. Bd. 1: Einleitung. Gedichte/Erzählungen. Bd. 3: Dramen. Stuttgart: Kohlhammer, 1954. – Zit. als: Werke.

Schiller, Friedrich: Vom Erhabenen. In: Schillers Werke. Nationalausgabe. Bd. 20: Philosophische Schriften 1. Hrsg. von Benno von Wiese. Weimar: Böhlau, 1962. S. 171–195.
– Werke und Briefe. Bd. 1: Gedichte. Hrsg. von Georg Kurscheidt. Frankfurt a. M.: Deutscher Klassiker Verlag, 1992. – Zit. als: Werke/Briefe.
Schnitzler, Arthur: Aphorismen und Betrachtungen. Frankfurt a. M.: S. Fischer, 1967. (Gesammelte Werke.) – © 1967 S. Fischer Verlag, Frankfurt am Main.
Schopenhauer, Arthur: Aphorismen zur Lebensweisheit. Hrsg. von Arthur Hübscher. Stuttgart: Reclam, 1991 [u. ö.]. (Universal-Bibliothek. 5002.) – Die Orthographie wurde modernisiert.
– Die Welt als Wille und Vorstellung. Gesamtausgabe in zwei Bänden nach der Edition von Arthur Hübscher. Stuttgart: Reclam, 1987. (Universal-Bibliothek. 2761. 2762.) – Die Orthographie wurde modernisiert.
Seneca: Seneca-Brevier. Übers. und hrsg. von Ursula Blank-Sangmeister. Stuttgart: Reclam, 1996.
– Vom glückseligen Leben. Hrsg. von Heinrich Schmidt. Übers. von Albert Forbiger (1867). Leipzig: Kröner, 1922. – Zit. als: VgL.
– Vom glückseligen Leben und andere Schriften. Übers. nach Ludwig Rumpel. Hrsg. von Peter Jaerisch. Stuttgart: Reclam, 1953 [u. ö.]. (Universal-Bibliothek. 7790.) – Zit. als: VgL, Schriften.
Seume, Johann Gottfried: Spaziergang nach Syrakus im Jahre 1802. Hrsg. von Albert Meier. München: Deutscher Taschenbuch Verlag, 1997.
– Werke in 2 Bänden. Hrsg. von Jörg Drews. Bd. 2: Apokryphen. Kleine Schriften. Gedichte. Übersetzungen. Frankfurt a. M.: Deutscher Klassiker Verlag, 1993.
Shakespeare, William: Troilus und Cressida. Trauerspiel in fünf Akten. Übers. von Wolf Heinrich Graf Baudissin. Stuttgart: Reclam, 1963 [u. ö.]. (Universal-Bibliothek. 818.)
Stendhal: Von der Liebe. Hrsg. von Arthur Schurig. Leipzig: Insel-Verlag, 1922.
Stifter, Adalbert: Gesammelte Werke in sechs Bänden. Hrsg. von Michael Benedikt und Herbert Hornstein. Bd. 1: Studien 1–3. Bd. 2: Studien 4–6. Bd. 3: Bunte Steine. Erzählungen. Gütersloh: Bertelsmann, 1956. – Zit. als: Werke.

Storm, Theodor: Gedichte. Auswahl. Hrsg. von Gunter Grimm. Stuttgart: Reclam, 1978 [u. ö.].
– Werke in einem Band. Hrsg. von Werner Lincke. Salzburg: Das Bergland Buch, [o. J.].
Terenz: Andria. Lat./Dt. Übers. und hrsg. von T. Lothar Wullen. Stuttgart: Reclam, 1972 [u. ö.].
Tieck, Ludwig: Franz Sternbalds Wanderungen. Studienausg. Hrsg. von Alfred Anger. Stuttgart: Reclam, 1966 [u. ö.].
Tucholsky, Kurt: Gesammelte Werke in 10 Bänden. Hrsg. von Mary Gerold-Tucholsky und Fritz J. Raddatz. Bd. 9: 1931. Bd. 10: 1932. Reinbek bei Hamburg: Rowohlt, 1975. – © 1960 by Rowohlt Verlag GmbH, Reinbek bei Hamburg. – Zit. als: Werke.
Turgenjew, Iwan: Väter und Söhne. Roman. Übers. von Frida Rubiner. Hrsg. von Peter Thiergen. Stuttgart: Reclam, 1989. (Universal-Bibliothek. 718.)
Varnhagen, Rahel: Briefe und Aufzeichnungen. [Hrsg. von Dieter Bähtz.] Frankfurt a. M.: Insel Verlag, 1986.
Villers, Alexander von: Briefe eines Unbekannten. Hrsg. von Werner Riemerschmid. Graz/Wien: Stiasny, 1962.
Die Vorsokratiker. Auswahl der Fragmente, Übers. und Erl. von Jaap Mansfeld. Bd. 1: Milesier, Pythagoreer, Xenophanes, Heraklit, Parmenides. Griech./Dt. Stuttgart: Reclam, 1983 [u. ö.].
Weisheit des Islam. Ausgew., übers. und hrsg. von Annemarie Schimmel. Stuttgart: Reclam, 1994.
Wieland, Christoph Martin: Aristipp und einige seiner Zeitgenossen. Hrsg. von Heinrich Pröhle. Frankfurt a. M.: Insel Verlag, 1984.
– Der goldne Spiegel und andere politische Dichtungen. München: Winkler, 1979.
Zweig, Stefan: Die Welt von Gestern. Frankfurt a. M.: S. Fischer, 1992. – © 1992 S. Fischer Verlag GmbH, Frankfurt am Main.

Motto

13 Morgenstern, S. 241.

I

Das Leben

15 1 Marc Aurel, S. 106. 2 Pascal, S. 64. 3 Kafka, Nachlaß III, S. 46. 4 Novalis, Werke, S. 425.

16 1 Deutsche Aphorismen, S. 114. 2 Nietzsche, Menschliches, Allzumenschliches 2, S. 160. 3 Marc Aurel, S. 45. 4 Altenberg, Diogenes in Wien 1, S. 109. 5 Brecht, Me-ti, S. 99. 6 Rückert, S. 194.

17 1 Gracián, S. 87 f. 2 Seneca, VgL, Schriften, S. 134 (Aus den Briefen an Lucilius). 3 Ebner-Eschenbach, S. 54.

18 1 Epikur, S. 163. 2 Kafka, Nachlaß II, S. 79. 3 Maeterlinck, Von der inneren Schönheit, S. 21. 4 Franz von Sales, S. 212. 5 Gracián, S. 145 f. 6 Lichtenberg, Schriften und Briefe 1, S. 354.

19 1 Kürnberger, S. 82. 2 Brod/Kafka, S. 378. 3 Altenberg, Diogenes in Wien 1, S. 36 (Wie ich es sehe). 4 Seneca, VgL, Schriften, S. 134 (Aus den Briefen an Lucilius). 5 Hebbel, Werke II/9, S. 50. 6 Altenberg, Diogenes in Wien 1, S. 211 (Neues Altes).

20 1 Die deutschen Sprichwörter, Nr. 12174. 2 Nietzsche, Menschliches, Allzumenschliches 2, S. 315. 3 Busch, S. 875. 4 Goethe, Werke 2, S. 423 (Hermann und Dorothea). 5 Seneca, VgL, Schriften, S. 128 (Trostschrift an Marcia).

21 1 Schiller, Werke 1, S. 270. 2 Nietzsche, Menschliches, Allzumenschliches 2, S. 123. 3 Hebbel, Werke II/9, S. 484. 4 Schnitzler, S. 131. 5 Lessing, Werke 1, S. 100.

22 1 Fontane, Briefe P 4, S. 113. 2 Goethe, Werke 7, S. 473 (Aus Makariens Archiv). 3 Kafka, Nachlaß II, S. 32. 4 Pascal, S. 371.

23 1 Altenberg, Diogenes in Wien 2, S. 73. 2 Ebner-Eschenbach, S. 54. 3 Nietzsche, Jenseits von Gut und Böse, S. 83. 4 Kafka, Nachlaß II, S. 83. 5 Sauter, 307.

24 1 Pascal, S. 43. 2 Elisabeth von Österreich, S. 63.

3 Raabe, S. 987. 4 Maeterlinck, Von der inneren Schönheit, S. 91. 5 Schopenhauer, Aphorismen, S. 204.

25 1 Ebner-Eschenbach, S. 44. 2 Claudius, S. 283. 3 Pascal, S. 371. 4 Maeterlinck, Von der inneren Schönheit, S. 128.

26 1 Die deutschen Sprichwörter, Nr. 11257. 2 Nietzsche, Menschliches, Allzumenschliches 2, S. 269. 3 Horaz, S. 99. 4 Raabe, S. 985. 5 Busch, S. 876. 5 Kafka, Nachlaß II, S. 32.

27 1 Fontane, Briefe P 1, S. 32. 2 Nietzsche, Menschliches, Allzumenschliches 1, S. 314. 3 Antike Weisheit, S. 95. 4 Ebner-Eschenbach, S. 30. 5 Nietzsche, Menschliches, Allzumenschliches 2, S. 270. 6 Novalis, Werke, S. 502.

28 1 Villers, S. 117. 2 Hebbel, S. 109. 3 Demokrit, S. 43. 4 Fontane zum Vergnügen, S. 45. 5 Jean Paul, Ideen-Gewimmel, S. 132. 6 Die deutschen Sprichwörter, Nr. 11259. 7 Hebbel, Werke I, S. 179.

29 1 Epikur, S. 110. 2 Marc Aurel, S. 58. 3 Hebbel, Werke II/10, S. 269 (Tagebücher). 4 Busch, S. 869.

30 1 Grillparzer, Werke II/7, S. 241. 2 Jean Paul, Ideen-Gewimmel, S. 107. 3 Hebbel, Werke II/9, S. 484. 4 La Rochefoucauld, S. 25. 5 Nietzsche, Jenseits von Gut und Böse, S. 84. 6 Friedell, Kultur ist Reichtum an Problemen, S. 25. 7 Villers, S. 100 f.

31 1 Nietzsche, Menschliches, Allzumenschliches 1, S. 319. 2 Fontane zum Vergnügen, S. 22. 3 Doderer, Repertorium, S. 144. 4 La Rochefoucauld, S. 22. 5 Seneca, VgL, Schriften, S. 126 (Über den Zorn).

32 1 Goethe, Werke 7, S. 149. (Wilhelm Meisters Wanderjahre). 2 Logau, S. 83. 3 Montaigne, S. 284 f. 4 Schopenhauer, Aphorismen, S. 212. 5 Seneca, VgL, Schriften, S. 129 (Trostschrift an Marcia).

33 1 Fontane, Fontane/Friedlaender, S. 251. 2 Montaigne, S. 375. 3 Goethe, Werke 7, S. 39 (Wilhelm Meisters Wanderjahre). 4 Nietzsche, Menschliches, Allzumenschliches 1, S. 325.

34 1 Schiller, Werke 3, S. 333 (Wallenstein). 2 Morgenstern, S. 214. 3 Varnhagen, S. 328. 4 Nietzsche, Menschliches, Allzumenschliches 1, S. 329. 5 Raabe, S. 983.

35 1 Hölderlin, Hyperion, S. 97. 2 Demokrit, S. 33. 3 Kafka, Nachlaß II, S. 242. 4 Jean Paul, Ideen-Gewimmel, S. 229. 5 Büchner, Werke, S. 203.

36 1 Altenberg, Diogenes in Wien 1, S. 33 (Wie ich es sehe). 2 Heine, Sämtliche Schriften 11, S. 631 (Aufzeichnungen). 3 Nietzsche, Menschliches, Allzumenschliches 2, S. 177. 4 Logau, S. 22. 5 Seume, Werke, S. 116.

II
Die Lebensalter

37 1 Hebbel, Werke II/9, S. 33. 2 Fontane zum Vergnügen, S. 117. 3 Kafka, Nachlaß III, S. 79. 4 Hauptmann, Werke 6, S. 997.

38 1 Schiller, Werke/Briefe, S. 556. 2 Hölderlin, Werke 1, S. 227. 3 Goethe, Werke 7, S. 509 (Maximen und Reflexionen). 4 Rilke, S. 77. 5 Kafka, Nachlaß, S. 46. 6 La Rochefoucauld, S. 57.

39 1 Varnhagen, S. 59. 2 Jean Paul, Titan 1, S. 301. 3 Schnitzler, S. 339. 4 Doderer, Repertorium, S. 246. 5 Grillparzer, Werke I/12, S. 106 (Sprüche und Epigramme).

40 1 Seneca-Brevier, S. 171. 2 Schiller, Werke 1, S. 256. 3 Novalis, Werke, S. 429 (Blüthenstaub). 4 Reclams Zitatenlexikon, S. 112. 5 Ebner-Eschenbach, S. 6.

41 1 Nietzsche, Jenseits von Gut und Böse, S. 72. 2 Lessing, Werke 3, S. 42 (Briefe, die neueste Literatur betreffend). 3 Grillparzer, Werke I/12, S. 292 (Sprüche und Eigramme). 4 Canetti, S. 345. 5 Demokrit, S. 87. 6 Novalis, Werke, S. 471.

42 1 Kafka, Tagebücher, S. 366. 2 Morgenstern, S. 248. 3 Nietzsche, Also sprach Zarathustra, S. 71. 4 Weisheit des Islam, S. 79. 5 Ebner-Eschenbach, S. 11. 6 Grillparzer, Werke I/12, S. 305 (Sprüche und Epigramme).

43 1 Lessing, Werke 2, S. 101 (Philotas). 2 La Rochefoucauld, S. 41. 3 Schopenhauer, Aphorismen, S. 222. 4 Jean Paul, Ideen-Gewimmel, S. 227. 5 La Rochefoucauld, S. 59. 6 Ebner-Eschenbach, S. 20.

44 1 Jean Paul, Titan 1, S. 186. 2 Reclams Zitatenlexikon, S. 21. 3 Canettti, S. 155. 4 Jean Paul, Ideen-Gewimmel, S. 231. 5 Demokrit, S. 59. 6 Schopenhauer, Aphorismen, S. 231.

45 1 Hebbel, Werke II/9, S. 145 (Tagebücher). 2 Varnhagen, S. 59. 3 La Rochefoucauld, S. 29. 4 Fontane, Werke, S. 319. 5 Busch, S. 880. 6 Lichtenberg, Schriften und Briefe 2, S. 417.

46 1 Ebner-Eschenbach, S. 34. 2 Jean Paul, Ideen-Gewimmel, S. 233. 3 Lichtenberg, Schriften und Briefe 2, S. 406. 4 Schopenhauer, Aphorismen, S. 222 f. 5 Hölderlin, Werke 1, S. 114.

47 1 Epikur, S. 107. 2 Grillparzer, Werke I/12, S. 334. 3 Lichtenberg, Schriften und Briefe 2, S. 418. 4 Goethe, Werke 4, S. 397 (Faust II). 5 Jean Paul, Ideen-Gewimmel, S. 231.

48 1 La Rochefoucauld, S. 18. 2 Ebner-Eschenbach, S. 25. 3 Grillparzer, Werke I/12, S. 346 (Sprüche und Epigramme). 4 Seneca, VgL, Schriften, S. 39 (Von der Gemütsruhe). 5 Schopenhauer, Aphorismen, S. 225.

49 1 Eichendorff, S. 233. 2 Reclams Zitaten-Lexikon, S. 230. 3 Fontane, Briefe H 3, S. 163. 4 Deutsche Aphorismen, S. 113. 5 Demokrit, S. 97.

50 1 Lichtenberg, Gedanken, Satiren, Fragmente, S. 50. 2 Claudius, S. 293. 3 Pascal, S. 57. 4 Demokrit, S. 33. 5 Nietzsche, Menschliches, Allzumenschliches 2, S. 291.

51 1 Lob des Brotes, S. 10. 2 Hebbel, Werke I, S. 75. 3 Seneca-Brevier, S. 161. 4 Altenberg, Diogenes in Wien 2, S. 291. 5 Busch, S. 870. 6 Schopenhauer Aphorismen, S. 208.

52 1 Jean Paul, Ideen-Gewimmel, S. 92. 2 Die deutschen Sprichwörter, Nr. 3557. 3 Boethius, S. 47. 4 Seneca-Brevier, S. 162 f. 5 Grillparzer, Werke I/12, S. 327. 6 Jean Paul, Ideen-Gewimmel, S. 219.

53 1 Schopenhauer, Aphorismen, S. 175. 2 Jean Paul, Ideen-Gewimmel, S. 95. 3 Kafka, Nachlaß II, S. 63. 4 Antike Weisheit, S. 60. 5 Cicero zum Vergnügen, S. 148.

54 1 Deutsche Aphorismen, S. 115. 2 Die Bibel (Spr. 21,23). 3 Marc Aurel, S. 199. 4 Claudius, S. 310. 5 Raabe, S. 984. 6 Brecht, Stücke, S. 356 (Die Mutter).

55 **1** Stifter, Werke 1, S. 270 (Der Hochwald). **2** Rosegger, Erdsegen, S. 387 f. **3** Ebner-Eschenbach, S. 12. **4** Goethe, Werke 7, S. 27 f. (Wilhelm Meisters Wanderjahre). **5** Hebbel, Werke II/9, S. 366 (Tagebücher).

56 **1** Maeterlinck, Vom Tode, S. 18. **2** Schiller, Werke 1, S. 241. **3** Kafka, Nachlaß III, S. 100. **4** Seneca, VgL, Schriften, S. 130 (Trostschrift an Marcia). **5** Brecht, Me-ti, S. 57. **6** Maeterlinck, Vom Tode, S. 16.

57 **1** Hebbel, Werke II/9, S. 53 (Tagebücher). **2** Kafka, Tagebücher, S. 241. **3** Seneca, VgL, Schriften, S. 51 (Von der Gemütsruhe). **4** Seume, Werke, S. 51. **5** Montaigne, S. 67.

III
Die Liebe

58 **1** Ebner-Eschenbach, S. 5. **2** Nietzsche, Jenseits von Gut und Böse, S. 72. **3** Stifter, Werke 2, S. 61 (Abdias). **4** Grillparzer, Werke I/1, S. 326 (Sappho).

59 **1** Die Bibel (Spr. 27,5). **2** Nietzsche, Menschliches, Allzumenschliches 2, S. 289. **3** Raabe, S. 985. **4** Logau, S. 19. **5** Hebbel, Werke II/9, S. 156 f. (Tagebücher). **6** Morgenstern, S. 212.

60 **1** Novalis, Werke, S. 445 (Blüthenstaub). **2** Goethe, Werke 5, S. 327 (Die Wahlverwandtschaften). **3** Stendhal, S. 170. **4** Altenberg, Diogenes in Wien 2, S. 73. **5** Stifter, Werke 1, S. 93 (Feldblumen).

61 **1** Nietzsche, Menschliches, Allzumenschliches 1, S. 267. **2** La Rochefoucauld, S. 21. **3** Ebner-Eschenbach, S. 18. **4** Altenberg, Diogenes in Wien 1, S. 136 (Prodromos). **5** Hesse, S. 580 f.

62 **1** Nietzsche, Jenseits von Gut und Böse, S. 83. **2** Stendhal, S. 448. **3** Goethe, Werke 1, S. 225 (Xenien). **4** Goethe, Werke 1, S. 241 (Vier Jahreszeiten).

63 **1** La Rochefoucauld, S. 48. **2** Stendhal, S. 75. **3** Varnhagen, S. 308. **4** La Rochefoucauld, S. 52. **5** Altenberg, Diogenes in Wien 1, S. 37 (Wie ich es sehe). **6** Rückert, S. 201.

64 **1** Kafka, Briefe an Milena, S. 263. **2** Stendhal, S. 59.

3 Stifter, Werke 1, S. 35 (Der Kondor). 4 La Rochefoucauld, S. 41. 5 Börne, Sämtliche Schriften 2, S. 235.
65 1 Montaigne, S. 314. 2 Jean Paul, Titan 1, S. 159. 3 Canetti, S. 143. 4 Hauptmann, Werke 6, S. 1010. 5 Nietzsche, Menschliches, Allzumenschliches 1, S. 265.
66 1 Hebbel, Werke II/9, S. 167 (Tagebücher). 2 Storm, Werke, S. 95. 3 Fontane, Fontane/Friedlaender, S. 290. 4 La Rochefoucauld, S. 13.

IV
Der Charakter

67 1 Goethe, Werke 3, S. 482 (Torquato Tasso). 2 Lichtenberg, Schriften und Briefe 2, S. 145. 3 Fontane, Briefe H 2, S. 573 f. 4 Novalis, Schriften, S. 556.
68 1 Fontane zum Vergnügen, S. 73. 2 Hebbel, Werke II/9, S. 391 (Tagebücher). 3 Demokrit S. 95. 4 Ebner-Eschenbach, S. 47. 5 Lichtenberg, Schriften und Briefe 2, S. 149. 6 Börne, Sämtliche Schriften 1, S. 149. 7 Goethe, Werke 5, S. 314 (Die Wahlverwandtschaften).
69 1 Kleist, S. 175. 2 Seume, Werke, S. 118. 3 Stendhal, S. 420. 4 Lichtenberg, Gedanken, Satiren, Fragmente, S. 43. 5 Schopenhauer, Aphorismen, S. 187.
70 1 Fontane, Fontane/Heyse, S. 134. 2 Stendhal, S. 228. 3 Hebbel, Werke II/9, S. 493 (Tagebücher). 4 Schopenhauer, Aphorismen, S. 199. 5 Lichtenberg, Schriften und Briefe 1, S. 789. 6 Reclams Zitatenlexikon, S. 253.
71 1 Schnitzler, S. 127. 2 Goethe, Werke 7, S. 477 (Wilhelm Meisters Wanderjahre). 3 Lichtenberg, Schriften und Briefe, 2, S. 417. 4 Ebner-Eschenbach, S. 22. 5 La Rochefoucauld, S. 7. 6 Börne, Sämtliche Schriften 1, S. 147.
72 1 Montaigne, S. 361. 2 Lichtenberg, Schriften und Briefe 1, S. 20. 3 Altenberg, Diogenes in Wien 1, S. 161. 4 Die Bibel (Spr. 16,18). 5 Grillparzer, Werke I/12, S. 5. 6 Pascal, S. 41.
73 1 Doderer, Die Dämonen, S. 60. 2 Demokrit, S. 95. 3 Fontane, Der Stechlin, S. 49. 4 Stendhal, S. 420. 5 Grillparzer, Werke I/12, S. 9 (Sprüche und Epigramme). 6 La Rochefoucauld, S. 46.

74 1 Kleist, S. 174. 2 Lichtenberg, Schriften und Briefe 2, S. 146. 3 Börne, Sämtliche Schriften 2, S. 254. 4 Seume, Werke, S. 19. 5 Demokrit, S. 35. 6 Canetti, S. 199. 7 Die Bibel (Spr. 27,4).

75 1 Demokrit, S. 35. 2 Schiller, Werke/Briefe, S. 566. 3 Friedell, Kulturgeschichte der Neuzeit, S. 605. 4 Seume, Spaziergang nach Syrakus, S. 293. 5 Schopenhauer, Aphorismen, S. 180.

76 1 Doderer, Repertorium, S. 62. 2 Goethe, Werke 7, S. 523 (Maximen und Reflexionen). 3 Stendhal, S. 421. 4 Montaigne, S. 115.

77 1 Schopenhauer, Aphorismen, S. 191. 2 Raabe, S. 988. 3 Wieland, Der goldne Spiegel, S. 305. 4 Gracián, S. 112.

78 1 Brecht, Me-ti, S. 62. 2 Ebner-Eschenbach, S. 59. 3 Deutsche Aphorismen, S. 106. 4 Ebner-Eschenbach, S. 57.

79 1 Die deutschen Sprichwörter, Nr. 6200. 2 Wieland, Der goldne Spiegel, S. 191. 3 Maeterlinck, Von der inneren Schönheit, S. 139. 4 Cicero zum Vergnügen, S. 154. 5 Doderer, Die Dämonen, S. 7.

80 1 Kafka, Nachlaß II, S. 30. 2 Hebbel, Werke I, S. 229. 3 Marc Aurel, S. 131. 4 Lichtenberg, Schriften und Briefe 1, S. 719. 5 Busch, S. 871. 6 La Rochefoucauld, S. 7.

81 1 Wieland, Der goldne Spiegel, S. 116. 2 Lichtenberg, Schriften und Briefe 2, S. 182. 3 Börne, Sämtliche Schriften 1, S. 148. 4 Varnhagen, S. 49. 5 Lessing, Werke 2, S. 155 (Minna von Barnhelm). 6 La Rochefoucauld, S. 36.

82 1 Kafka, Briefe an Milena, S. 138. 2 Lichtenberg, Schriften und Briefe 2, S. 149. 3 Fontane, Schach von Wuthenow, S. 42. 4 La Rochefoucauld, S. 38. 5 Busch, S. 872. 6 Marc Aurel, S. 75. 7 Seneca-Brevier, S. 83 f.

83 1 Deutsche Aphorismen, S. 106. 2 Pascal, S. 429. 3 Deutsche Aphorismen, S. 21. 4 Demokrit, S. 107. 5 Die Bibel (Spr. 11,17). 6 Demokrit, S. 107.

84 1 Fontane zum Vergnügen, S. 70. 2 Marc Aurel, S. 67. 3 Antike Weisheit, S. 95. 4 Villers, S. 95. 5 Kafka, Nachlaß II, S. 67.

85 1 Storm, Gedichte, S. 78. 2 Hauptmann, Werke 6, S. 1006. 3 Kafka, Nachlaß II, S. 64. 4 Demokrit, S. 99. 5 Friedell, Kultur ist Reichtum an Problemen, S. 30. 6 Ebner-Eschenbach, S. 47. 7 Epikur, S. 164.

86 1 Die deutschen Sprichwörter, Nr. 10566. 2 Demokrit, S. 99. 3 Die Bibel (Spr. 9,12). 4 Nietzsche, Menschliches, Allzumenschliches 1, S. 322. 5 Demokrit, S. 29. 6 Die Bibel (Spr. 27,2). 7 Seneca-Brevier, S. 76.

87 1 Pascal, S. 377. 2 Marc Aurel, S. 25 f. 3 Maeterlinck, Von der inneren Schönheit, S. 96. 4 Antike Weisheit, S. 103. 5 Fontane zum Vergnügen, S. 73.

88 1 Schiller, Werke/Briefe, S. 553. 2 Jean Paul, Ideen-Gewimmel, S. 169. 3 Maeterlinck, Von der inneren Schönheit, S. 61. 4 Seneca-Brevier, S. 144. 5 Stendhal, S. 414 f.

89 1 Goethe, Werke 1, S. 119.

V

Die Geschicke des Lebens

90 1 Kafka, Nachlaß III, S. 65. 2 Lichtenberg, Schriften und Briefe 2, S. 686. 3 Hebbel, Werke I, S. 74. 4 Goethe, Werke 7, S. 510 (Maximen und Reflexionen).

91 1 Gracián, S. 100. 2 Fontane zum Vergnügen, S. 68. 3 Tieck, S. 14. 4 Lessing, Werke 1, S. 94.

92 1 Lichtenberg, Gedanken, Satiren, Fragmente, S. 58. 2 Schopenhauer, Aphorismen, S. 133. 3 Seneca, VgL, Schriften, S. 67 (Vom glückseligen Leben). 4 Ebner-Eschenbach, S. 53.

93 1 Logau, S. 51. 2 Nietzsche, Menschliches, Allzumenschliches 1, S. 382. 3 Morgenstern, S. 256. 4 Kleist, S. 179. 5 Brod/Kafka, S. 10 f. 6 Schiller, Werke 3, S. 33 (Don Karlos).

94 1 Lichtenberg, Schriften und Briefe 1, S. 758. 2 Lenau, S. 127. 3 Die Bibel (Spr. 27,19). 4 Demokrit, S. 53. 5 Raabe, S. 948.

95 1 Novalis, Werke, S. 451. 2 Maeterlinck, Von der inneren Schönheit, S. 14. 3 Villers, S. 108. 4 Jean Paul, Ideen-Gewimmel, S. 128. 5 Altenberg, Diogenes in Wien 2, S. 130. 6 Demokrit, S. 93.

96 1 Tieck, S. 293. 2 Hebel, Schatzkästlein, S. 56. 3 Benjamin, S. 113. 4 Hebbel, Werke II/9, S. 102 (Tagebücher). 5 Kafka, Nachlaß III, S. 46.

97 1 Kleist, S. 171. 2 Storm, Werke, S. 94 (Sprüche). 3 Seneca-Brevier, S. 174. 4 Ebner-Eschenbach, S. 53. 5 Börne, Sämtliche Schriften 1, S. 148. 6 Kleist, S. 171.

98 1 La Rochefoucauld, S. 55. 2 Raabe, S. 984. 3 Kafka, Tagebücher, S. 410. 4 Hebbel, Werke II/10, S. 83. 5 Lessing, Werke 2, S. 262 (Emilia Galotti). 6 Jean Paul, Ideen-Gewimmel, S. 126. 7 La Rochefoucauld, S. 5.

99 1 Morgenstern, S. 232. 2 Hebel, Poetische Werke, S. 422. 3 Schopenhauer, Aphorismen, S. 161. 4 Rückert, S. 201. 5 Hebbel, Werke II/10, S. 241 (Tagebücher).

100 1 Busch, S. 876. 2 Raabe, S. 987. 3 Seneca, VgL, Schriften, S. 125 (Über den Zorn). 4 Demokrit, S. 49. 5 Gutzkow, S. 63. 6 Jean Paul, Titan 2, S. 122 f.

101 1 Schopenhauer, Welt als Wille 2, S. 822. 2 Hebbel, Werke II/10, S. 82 (Tagebücher). 3 Raabe, S. 983. 4 La Rochefoucauld, S. 9. 5 Boethius, S. 61 f.

102 1 Schopenhauer, Aphorismen, S. 205. 2 Marc Aurel, S. 53. 3 Marc Aurel, S. 105. 4 Raabe, S. 983. 5 Demokrit, S. 95.

103 1 Deutsche Aphorismen, S. 116. 2 Marc Aurel, S. 101. 3 Maeterlinck, Von der inneren Schönheit, S. 65. 4 Schopenhauer, Aphorismen, S. 45 f.

104 1 Schopenhauer, Aphorismen, S. 21. 2 Ebner-Eschenbach, S. 36. 3 Nietzsche, Menschliches, Allzumenschliches 1, S. 320. 4 Schiller, Vom Erhabenen, S. 185. 5 Stifter, Werke 2, S. 7 f. (Abdias).

105 1 Maeterlinck, Von der inneren Schönheit, S. 74. 2 Schopenhauer, Aphorismen, S. 55. 3 Dostojewskij, S. 106. 4 Gutzkow, S. 24. 5 Rosegger, Erdsegen, S. 362.

106 1 Schopenhauer, Welt als Wille 1, S. 512. 2 Hebbel, Werke II/9, S. 493 (Tagebücher). 3 Marc Aurel, S. 160. 4 Schopenhauer, Aphorismen, S. 130.

107 1 Kafka, Nachlaß II, S. 32. 2 Maeterlinck, Von der inneren Schönheit, S. 43. 3 Jean Paul, Ideen-Gewimmel, S. 226. 4 Fontane zum Vergnügen, S. 156. 5 Ebner-Eschenbach, S. 45.

108 1 Marc Aurel, S. 42. 2 Hebbel, Werke I, S. 252.

3 Fontane zum Vergnügen, S. 41. 4 Pascal, S. 368. 5 Grillparzer, Werke I/12, S. 343. 6 Jean Paul, Ideen-Gewimmel, S. 173.

109 1 Canetti, S. 461. 2 Busch, S. 874. 3 Elisabeth von Österreich, S. 22. 4 Demokrit, S. 63. 5 Kafka, Nachlaß II, S. 79. 6 Demokrit, S. 113.

110 1 Hauptmann, Werke 6, S. 1049. 2 Kafka, Nachlaß II, S. 65. 3 Demokrit, S. 65. 4 Demokrit, S. 65. 5 Deutsche Aphorismen, S. 116. 6 Jean Paul, Ideen-Gewimmel, S. 122. 7 Epikur, S. 161.

111 1 Busch, S. 876. 2 Maeterlinck, Von der inneren Schönheit, S. 27. 3 Burckhardt, Größe, Glück und Unglück, S. 58. 4 Elisabeth von Österreich, S. 22. 5 Demokrit, S. 101. 6 Nietzsche, Menschliches, Allzumenschliches 1, S. 325. 7 Marc Aurel, S. 55.

VI

Das gemeinsame Schicksal

113 1 Hesse, S. 84. 2 Goethe, Werke 7, S. 515 (Maximen und Reflexionen). 3 Raabe, S. 986. 4 Pascal, S. 74

114 1 Gutzkow, S. 23. 2 Novalis, Werke, S. 449. 3 Novalis, Werke, S. 443. 4 Büchner, Werke, S. 251. 5 Hebbel, Werke I, S. 65.

115 1 Lichtenberg, Gedanken, Satiren, Fragmente, S. 131. 2 Antike Weisheit, S. 37. 3 Schiller, Werke/Briefe, S. 556. 4 Jean Paul, Ideen-Gewimmel, S. 76. 5 Raabe, S. 986.

116 1 Elisabeth von Österreich, S. 61. 2 Jean Paul, Ideen-Gewimmel, S. 132. 3 Deutsche Aphorismen, S. 19. 4 Epikur, S. 106. 5 Canetti, S. 25. 6 Goethe, Werke 1, S. 229 (Xenien).

117 1 Antike Weisheit, S. 141. 2 Hebbel, Werke I, S. 289. 3 Jean Paul, Ideen-Gewimmel, S. 133. 4 Marc Aurel, S. 170. 5 Pascal, 343. 6 Claudius, S. 229. 7 Nietzsche, Menschliches, Allzumenschliches 1, S. 325.

118 1 Altenberg, Diogenes in Wien 2, S. 34. 2 Morgenstern, S. 260. 3 Tieck, S. 205. 4 Goethe, Werke 7, S. 569 (Maximen und Reflexionen). 5 Canetti, S. 12.

119 1 Schiller, Werke/Briefe, S. 707 (Xenien). 2 Die Bibel (Spr. 14,10). 3 Deutsche Aphorismen, S. 21. 4 Marc Aurel, S. 128. 5 Canetti, S. 239. 6 Kafka, Nachlaß II, S. 67.

120 1 Demokrit, S. 79. 2 Fontane, Briefe H 4, S. 516. 3 Montaigne, S. 337.

121 1 Kraus, S. 67. 2 La Rochefoucauld, S. 27. 3 Jean Paul, Titan I, S. 159. 4 Kafka, Nachlaß III, S. 130. 5 Schiller, Werke I, S. 262.

122 1 Epikur, S. 165. 2 Pascal, S. 366. 3 Seneca-Brevier, S. 94. 4 Novalis, Werke, S. 449.

123 1 Demokrit, S. 35. 2 Goethe, Werke 7, S. 522 (Maximen und Reflexionen). 3 Jean Paul, Ideen-Gewimmel, S. 129. 4 Montaigne, S. 353. 5 Lichtenberg, Schriften und Briefe 2, S. 158.

124 1 Goethe, Werke 5, S. 313 (Die Wahlverwandtschaften). 2 Lichtenberg, Schriften und Briefe 2, S. 418. 3 Fontane zum Vergnügen, S. 23. 4 Jean Paul, Ideen-Gewimmel, S. 134. 5 Nietzsche, Menschliches, Allzumenschliches 2, S. 146.

125 1 Raabe, S. 989. 2 Schopenhauer, Aphorismen, S. 165. 3 Marc Aurel, S. 25. 4 Jean Paul, Ideen-Gewimmel, S. 171. 5 Grillparzer, Werke I/12, S. 77.

126 1 Raabe, S. 988. 2 Hebbel, Werke I, S. 404. 3 Busch, S. 877. 4 Die deutschen Sprichwörter, Nr. 104. 5 Ebner-Eschenbach, S. 44. 6 Jean Paul, Ideen-Gewimmel, S. 76. 7 Kafka, Nachlaß I, S. 252.

127 1 Die deutschen Sprichwörter, Nr. 8255. 2 Hauptmann, Werke 6, S. 990. 3 Ebner-Eschenbach, S. 43. 4 Jean Paul, Ideen-Gewimmel, S. 232. 5 Fontane zum Vergnügen, S. 62. 6 Schopenhauer, Aphorismen, S. 155. 7 Kafka, Tagebücher, S. 395.

128 1 Büchner, Werke, S. 5. 2 Hauptmann, Werke 4, S. 1014. 3 Stifter, Werke 1, S. 66 (Feldblumen). 4 Grillparzer, Werke I/12, S. 119 (Sprüche und Epigramme). 5 Rosegger, Waldschulmeister, S. 45.

129 1 Schopenhauer, Aphorismen, S. 144. 2 Schnitzler, S. 278. 3 Stendhal, S. 422. 4 Elisabeth von Österreich, S. 61. 5 Hebbel, Werke I, S. 73.

130 1 Sauter, S. 309. 2 Terenz, S. 33. 3 Fontane zum Vergnügen, S. 68. 4 Friedell, Kultur ist Reichtum an Problemen, S. 131. 5 Schopenhauer, Aphorismen, S. 225.

131 1 Canetti, S. 12. 2 Elisabeth von Österreich, S. 29. 3 Kafka, Nachlaß II, S. 197. 4 Friedell, Kultur ist Reichtum an Problemen, S. 40 f. 5 Deutsche Aphorismen, S. 116. 6 Hauptmann, Werke 6, S. 1008.

132 1 Jean Paul, Ideen-Gewimmel, S. 107. 2 Altenberg, Diogenes in Wien 1, S. 134. 3 Lichtenberg, Gedanken, Satiren, Fragmente, S. 115. 4 Nietzsche, Menschliches, Allzumenschliches 2, S. 266 f. 5 Jean Paul, Ideen-Gewimmel, S. 108.

133 1 Canetti, S. 80. 2 Sauter, S. 309. 3 Novalis, Werke, S. 498. 4 Raabe, S. 985. 5 Antike Weisheit, S. 48. 6 Friedell, Kultur ist Reichtum an Problemen, S. 55. 7 Fontane zum Vergnügen, S. 149.

VII
Regeln der Geselligkeit

134 1 Hebel, Poetische Werke, S. 432. 2 Nietzsche, Jenseits von Gut und Böse, S. 87. 3 Altenberg, Diogenes in Wien 1, S. 142 (Märchen des Lebens). 4 Tucholsky, Werke 9, S. 324.

135 1 La Rochefoucauld, S. 59. 2 Nietzsche, Menschliches, Allzumenschliches 1, S. 239. 3 Goethe, Werke 7, S. 64 (Wilhelm Meisters Wanderjahre). 4 Morgenstern, S. 272. 5 Ebner-Eschenbach, S. 16. 6 Ebner-Eschenbach, S. 19.

136 1 Goethe, Werke 5, S. 327 (Die Wahlverwandtschaften). 2 Schnitzler, S. 273. 3 La Rochefoucauld, S. 20. 4 Varnhagen, S. 328. 5 Schopenhauer, Aphorismen, S. 175. 6 Die Bibel (Spr. 27,17).

137 1 La Rochefoucauld, S. 19. 2 Lichtenberg, Schriften und Briefe 2, S. 182. 3 Doderer, Repertorium, S. 88. 4 Lichtenberg, Schriften und Briefe 1, S. 913. 5 Lichtenberg, Schriften und Briefe 2, S. 421.

138 1 La Rochefoucauld, S. 23. 2 Jean Paul, Titan 1, S. 186. 3 Schopenhauer, Aphorismen, S. 179. 4 Nietzsche, Menschliches, Allzumenschliches 2, S. 37. 5 Benjamin, S. 112. 6 Hölderlin, Werke 1, S. 117.

139 1 La Rochefoucauld, S. 15. 2 Nietzsche, Jenseits von Gut und Böse, S. 80. 3 Morgenstern, S. 236. 4 Altenberg, Diogenes in Wien 2, S. 73. 5 Friedell, Kulturgeschichte der Neuzeit, S. 969. 6 Doderer, Repertorium, S. 118.

140 1 Lichtenberg, Schriften und Briefe 1, S. 582. 2 Börne, Sämtliche Schriften 1, S. 94. 3 Morgenstern, S. 238. 3 Seume, Werke, S. 111. 4 Nietzsche, Menschliches, Allzumenschliches 2, S. 40.

141 1 Goethe, Werke 8, S. 430 (Aus meinem Leben). 2 Brecht, Stücke, S. 73 (Im Dickicht der Städte). 3 Montaigne, S. 57.

142 1 Ebner-Eschenbach, S. 48. 2 Hebbel, Werke II/9, S. 74 (Tagebücher). 3 Altenberg, Diogenes in Wien 1, S. 36 (Wie ich es sehe). 4 Stendhal, S. 200. 5 Ebner-Eschenbach, S. 10.

143 1 Heine, Sämtliche Schriften 11, S. 641 (Aufzeichnungen). 2 Jean Paul, Titan 2, S. 343. 3 Lichtenberg, Schriften und Briefe 1, S. 505. 4 Ebner-Eschenbach, S. 18. 5 Seume, Werke, S. 66.

144 1 Jean Paul, Titan 1, S. 158 f. 2 Ebner-Eschenbach, S. 15. 3 Shakespeare, S. 42. 4 Hebbel, Werke II/9, S. 253 (Tagebücher). 5 Goethe, Werke 1, S. 245 (Vier Jahreszeiten).

145 1 Nietzsche, Menschliches, Allzumenschliches 2, S. 122. 2 Lessing, Werke 1, S. 67. 3 Kafka, Nachlaß III, S. 63. 4 Ebner-Eschenbach, S. 39. 5 Hebbel, Werke II/10, S. 21 (Tagebücher). 6 Lessing, Werke 1, S. 68.

146 1 Die Bibel (Sir. 6,10). 2 Demokrit, S. 43. 3 Rückert, S. 202. 4 Schopenhauer, Aphorismen, S. 149. 5 Schiller, Werke 1, S. 255. 6 Ebner-Eschenbach, S. 19.

147 1 Varnhagen, S. 28. 2 Nietzsche, Menschliches, Allzumenschliches 1, S. 236. 3 La Rochefoucauld, S. 47. 4 Ebner-Eschenbach, S. 7. 5 Kleist, S. 179.

148 1 La Rochefoucauld, S 14. 2 Logau, S. 27. 3 Montaigne, S. 343. 4 Nietzsche, Menschliches, Allzumenschliches 2, S. 120. 5 Schopenhauer, Aphorismen, S. 193.

149 1 Ebner-Eschenbach, S. 15. 2 Demokrit, S. 81. 3 Claudius, S. 129. 4 Epikur, S. 109. 5 Demokrit, S. 35.

150 1 Hebbel, Werke I, S. 115. 2 Die Bibel (Sir. 6,15). 3 Nietzsche, Menschliches, Allzumenschliches 1, S. 327. 4 La Rochefoucauld, S. 59. 5 Hegel, S. 54.

151 1 Brecht, Me-ti, S. 135. 2 Ebner-Eschenbach, S. 29. 3 Lichtenberg, Schriften und Briefe 2, S. 183. 4 Goethe, Werke 7, S. 276 (Wilhelm Meisters Wanderjahre). 5 Fontane, Briefe H 3, S. 19. 6 Montaigne, S. 306.

152 1 Weisheit des Islam, S. 104. 2 Seneca, VgL, Schriften, S. 44 (Von der Gemütsruhe). 3 Goethe, Werke 7, S. 295 (Wilhelm Meisters Wanderjahre). 4 Nietzsche, Menschliches, Allzumenschliches 2, S. 32. 5 Kafka, Nachlaß II, S. 66.

153 1 Canetti, S. 330. 2 Epikur, S. 111. 3 Fontane, Briefe P 3, S. 86. 4 Platen, S. 7. 5 Nietzsche, Menschliches, Allzumenschliches 1, S. 166 f.

154 1 Lichtenberg, Schriften und Briefe 2, S. 182. 2 Ebner-Eschenbach, S. 23. 3 Nietzsche, Menschliches, Allzumenschliches 1, S. 321. 4 Kafka, Nachlaß III, S. 100. 5 Seume, Werke, S. 60.

155 1 La Rochefoucauld, S. 20. 2 Hoffmann, Die Brautwahl, S. 125. 3 Fontane, Fontane/Friedlaender, S. 290. 4 La Rochefoucauld, S. 20. 5 Brecht, Me-ti, S. 56. 6 Nietzsche, Jenseits von Gut und Böse, S. 76. 7 Schopenhauer, Aphorismen, S. 66 f.

156 1 Lenau, S. 127. 2 Marc Aurel, S. 46 f. 3 Claudius, S. 292.

157 1 Brecht, Stücke, S. 259 (Die Maßnahme). 2 Gryphius, S. 92. 3 Burckhardt, Weltgeschichtliche Betrachtungen, S. 245. 4 Die Bibel (Spr. 22,1). 5 Montaigne, S. 246. 6 Pascal, S. 83 f.

158 1 Fontane zum Vergnügen, S. 22. 2 Die Bibel (Spr. 12,15).

VIII
Was uns zu tun bleibt

159 1 Antike Weisheit, S. 36. 2 Canetti, S. 234 f. 3 Demokrit, S. 61. 4 Seneca, VgL, S. 67.

160 1 Lichtenberg, Gedanken, Satiren, Fragmente, S. 90. 2 Kraus, S. 86. 3 Jean Paul, Ideen-Gewimmel, S. 128. 4 Seneca-Brevier, S. 146. 5 Raabe, S. 986.

161 1 Altenberg, Diogenes in Wien 1, S. 134. 2 Nietzsche, Menschliches, Allzumenschliches 1, S. 324. 3 La Rochefoucauld, S. 54. 4 Lessing, Werke 2, S. 373 (Nathan der Weise). 5 Stifter, Werke 1, S. 155 f. (Feldblumen). 6 Börne, Sämtliche Schriften 2, S. 196.

162 1 Lessing, Werke 2, S. 373 (Nathan der Weise). 2 Grillparzer, Werke I/12, S. 213 (Sprüche und Epigramme). 3 Gracián, S. 45. 4 Hegel, S. 402. 5 Fontane, Der Stechlin, S. 177.

163 1 Grillparzer, Werke II/10, S. 207 (Tagebücher). 2 Ebner-Eschenbach, S. 18. 3 Hebbel, Werke II/9, S. 362 (Tagebücher). 4 Raabe, S. 986. 5 Novalis, Werke, S. 467. 6 Fontane, Briefe P 2, S. 238.

164 1 Wieland, Der goldne Spiegel, S. 343. 2 Pascal, S. 323. 3 Altenberg, Diogenes in Wien 2, S. 120. 4 Marc Aurel, S. 25. 5 Rückert, S. 208.

165 1 Goethe, Werke 7, S. 304 (Wilhelm Meisters Wanderjahre). 2 Seneca, VgL, Schriften, S. 125 (Über den Zorn). 3 La Rochefoucauld, S. 8. 4 Nietzsche, Götzendämmerung, S. 84. 5 Brecht, Me-ti, S. 59. 6 Altenberg, Diogenes in Wien 1, S. 129.

166 1 Deutsche Aphorismen, S. 20. 2 Altenberg, Diogenes in Wien 1, S. 121 (Prodromos). 3 La Rochefoucauld, S. 31. 4 Doderer, Repertorium, S. 257. 5 Nietzsche, Menschliches, Allzumenschliches 2, S. 153. 6 Lao-tse, S. 44

167 1 Claudius, S. 299. 2 Epikur, S. 108. 3 Demokrit, S. 77. 4 Die Bibel (Spr. 14,15). 5 Ebner-Eschenbach, S. 39.

168 1 Pascal, S. 44. 2 Lob des Brotes, S. 8. 3 Epikur, S. 62. 4 Maeterlinck, Das Leben der Bienen, S. 180. 5 Doderer, Repertorium, S. 242.

169 1 Schiller, Werke/Briefe, S. 562 (Xenien). 2 Pascal,

S. 86. 3 Maeterlinck, Das Leben der Bienen, S. 171. 4 Friedell, Kultur ist Reichtum an Problemen, S. 38 f.

170 1 Tucholsky, Werke 10, S. 49. 2 Goethe, Werke 7, S. 338 (Wilhelm Meisters Wanderjahre). 3 Lichtenberg, Gedanken, Satiren, Fragmente, S. 82 f. 4 Schiller, Werke/Briefe, S. 585. 5 Ebner-Eschenbach, S. 10.

171 1 Canetti, S. 40. 2 Villers, S. 106. 3 Nietzsche, Menschliches, Allzumenschliches 1, S. 323. 4 Hebbel, Werke I, S. 332. 5 Deutsche Aphorismen, S. 20. 6 Raabe, S. 983.

172 1 Demokrit, S. 47. 2 Hauptmann, Werke 6, S. 989. 3 Kafka, Nachlaß II, S. 66. 4 Grillparzer, Werke I/12, S. 13. 5 Ebner-Eschenbach, S. 54. 6 Kafka, Nachlaß II, S. 67. 7 Hauptmann, Werke 6, S. 1048.

173 1 Burckhardt, Größe, Glück und Unglück, S. 5. 2 Canetti, S. 19. 3 Marc Aurel, S. 91. 4 Goethe, Werke 7, S. 507 (Maximen und Reflexionen). 5 Hebbel, Werke I, S. 257. 6 Demokrit, S. 49. 7 Nietzsche, Menschliches, Allzumenschliches 1, S. 318.

174 1 Ebner-Eschenbach, S. 39. 2 Pascal, S. 381. 3 Jean Paul, Ideen-Gewimmel, S. 182. 4 Fontane zum Vergnügen, S. 110. 5 Die Vorsokratiker, S. 277.

175 1 Goethe, Werke 7, S. 530 (Maximen und Reflexionen). 2 Lichtenberg, Gedanken, Satiren, Fragmente, S. 61. 3 Raabe, S. 985. 4 Hauptmann, Werke 6, S. 999. 5 Kafka, Nachlaß II, S. 242. 6 Demokrit, S. 53.

176 1 Goethe, Werke 7, S. 529 (Maximen und Reflexionen). 2 Nietzsche, Menschliches, Allzumenschliches 2, S. 289. 3 Antike Weisheit, S. 32. 4 Busch, S. 875. 5 Jean Paul, Ideen-Gewimmel, S. 181. 6 Canetti, S. 44.

177 1 Hebbel, Werke I, S. 229. 2 Lichtenberg, Schriften und Briefe 1, S. 415. 3 Jean Paul, Ideen-Gewimmel, S. 180. 4 Morgenstern, S. 70. 5 Turgenjew, S. 51.

178 1 Hebbel, Werke II/9, S. 74 (Tagebücher). 2 Stendhal, S. 396. 3 Seume, Werke, S. 75. 4 Hauptmann, Werke 4, S. 1013. 5 Goethe, Werke 1, S. 243 (Vier Jahreszeiten).

179 1 Brecht, Me-ti, S. 105. 2 Wieland, Der goldne Spiegel, S. 244. 3 Nietzsche, Menschliches, Allzumenschliches I, S. 316. 4 Stendhal, S. 396. 5 Morgenstern, S. 73.

180 1 Goethe, Werke 9, S. 141 f. (Aus meinem Leben). 2 Stifter, Werke 1, S. 67 (Feldblumen). 3 Grillparzer, Werke II/12, S. 38 (Tagebücher). 4 Novalis, Werke, S. 425. 5 Morgenstern, S. 64.

181 1 Morgenstern, S. 30. 2 Seneca, VgL, Schriften, S. 37 (Von der Gemütsruhe). 3 Jean Paul, Ideen-Gewimmel, S. 168. 4 Villers, S. 37. 5 Varnhagen, S. 52. 6 Hauptmann, Werke 4, S. 998.

182 1 Weisheit des Islam, S. 27. 2 Nietzsche, Menschliches, Allzumenschliches 2, S. 269. 3 Raabe, S. 984. 4 Jean Paul, Ideen-Gewimmel, S. 123. 5 Fontane, Briefe H 2, S. 296. 6 Hebbel, Werke II/10, S. 136 (Tagebücher).

183 1 Stendhal, S. 454. 2 Seneca, VgL, Schriften, S. 121 (Trostschrift an seine Mutter Helvetia). 3 Hölderlin, Hyperion, S. 23. 4 Nietzsche, Menschliches, Allzumenschliches 1, S. 240. 5 Seneca, VgL, Schriften, S. 156 (Aus den Briefen an Lucilius).

184 1 Doderer, Repertorium, S. 80 f.

IX

Es kann nicht alles ganz richtig sein in der Welt

185 1 Goethe, Werke 7, S. 499 (Aus Makariens Archiv). 2 Ebner-Eschenbach, S. 47. 3 Schiller, Werke/Briefe, S. 598 (Xenien). 4 La Rochefoucauld, S. 12.

186 1 Lessing, Werke 1, S. 69. 2 Ebner-Eschenbach, S. 11. 3 Altenberg, Diogenes in Wien 2, S. 130. 4 La Rochefoucauld, S. 11. 5 Novalis, Werke, S. 467.

187 1 Kafka, Nachlaß II, S. 31. 2 Schopenhauer, Aphorismen, S. 182. 3 Friedell, Kultur ist Reichtum an Problemen, S. 103. 4 Burckhardt, Größe, Glück und Unglück, S. 33.

188 1 Lichtenberg, Gedanken, Satiren, Fragmente, S. 133. 2 Jean Paul, Ideen-Gewimmel, S. 157. 3 Die Bibel (Spr. 16,32). 4 Claudius, S. 298. 5 Hesse, S. 180. 6 Hebbel, Werke I, S. 79.

189 1 Nietzsche, Menschliches, Allzumenschliches 2, S. 281 f. 2 Tucholsky, Werke 9, S. 289. 3 Villers, S. 99. 4 Fontane zum Vergnügen, S. 76.
190 1 Canetti, S. 68. 2 Tieck, S. 318. 3 Hauptmann, Werke 6, S. 998. 4 Pascal, S. 39. 5 Raabe, S. 995. 6 Grillparzer, Werke I/12, S. 162.
191 1 Fontane zum Vergnügen, S. 154. 2 Goethe, Werke 7, S. 485 (Aus Makariens Archiv). 3 Burckhardt, Größe, Glück und Unglück, S. 61. 4 Seume, Werke, S. 12. 5 Lichtenberg, Schriften und Briefe 2, S. 450.
192 1 Altenberg, Diogenes in Wien 1, S. 143 (Märchen des Lebens). 2 Grillparzer, Werke II/7, S. 278 (Tagebücher). 3 Morgenstern, S. 197. 4 Tucholsky, Werke 10, S. 98.
193 1 Lichtenberg, Gedanken, Satiren, Fragmente, S. 121. 2 Canetti, S. 105. 3 Hebbel, Werke II/9, S. 286 (Tagebücher). 4 Jean Paul, Titan 1, S. 186. 5 Fontane, Der Stechlin, S. 318.
194 1 Börne, Sämtliche Schriften 1, S. 141. 2 Grillparzer, Werke I/12, S. 351 (Sprüche und Epigramme). 3 Heine, Sämtliche Schriften 3, S. 377 (Reisebilder). 4 Kraus, S. 399. 5 Schnitzler, S. 223.
195 1 Tucholsky, Werke 10, S. 98. 2 Raabe, S. 992. 3 Heine, Sämtliche Schriften 1, S. 667 (Aufzeichnungen). 4 Hebbel, Werke II/10, S. 145 (Tagebücher). 5 Canetti, S. 33. 6 Die Vorsokratiker, S. 259.
196 1 Altenberg, Diogenes in Wien 2, S. 36. 2 Hebbel, Werke I, S. 17. 3 Jean Paul, Ideen-Gewimmel, S. 127. 4 Seume, Werke, S. 17. 5 Raabe, S. 994. 6 Goethe, Werke 7, S. 564 (Maximen und Reflexionen). 7 Seume, Spaziergang nach Syrakus, S. VII.
197 1 Hesse, S. 45 f. 2 Börne, Sämtliche Schriften 1, S. 146. 3 Wieland, Der goldne Spiegel, S. 304. 4 Brecht, Me-ti, S. 80. 5 Jean Paul, Ideen-Gewimmel, S. 157. 6 Nietzsche, Menschliches, Allzumenschliches 1, S. 295.
198 1 La Rochefoucauld, S. 3 f. 2 Grillparzer, Werke II/10, S. 264 (Tagebücher). 3 Wieland, Der goldne Spiegel, S. 43. 4 Schnitzler, S. 93. 5 Seume, Werke, S. 43.
199 1 Pascal, S. 62. 2 Raabe, S. 995. 3 Goethe, Werke 1, S. 236. 4 Lao-tse, S. 27. 5 Seume, Werke, S. 70.

200 1 Maeterlinck, Von der inneren Schönheit, S. 137. 2 Novalis, Werke, S. 505. 3 Claudius, S. 53. 4 Lichtenberg, Gedanken, Satiren, Fragmente, S. 121.
201 1 Demokrit, S. 47. 2 Seneca, VgL, Schriften, S. 134 (Aus den Briefen an Lucilius). 3 Ebner-Eschenbach, S. 6. 3 Nietzsche, Menschliches, Allzumenschliches 2, S. 197. 4 Lichtenberg, Schriften und Briefe 1, S. 829. 5 Fontane, Briefe P 2, S. 229.
202 1 Schopenhauer, Aphorismen, S. 55. 2 Busch, S. 367 (Fipps, der Affe). 3 Logau, S. 19. 4 Tucholsky, Werke 10, S. 48. 5 Ebner-Eschenbach, S. 59. 6 Die Bibel (Spr. 11,24).
203 1 Seneca-Brevier, S. 217. 2 Epikur, S. 162. 3 Boethius, S. 64. 4 Jean Paul, Ideen-Gewimmel, S. 169. 5 Fontane zum Vergnügen, S. 107. 6 Börne, Sämtliche Schriften 2, S. 197. 7 Wieland, Der goldne Spiegel, S. 185.
204 1 Busch, S. 875. 2 Kafka, Nachlaß III, S. 66. 3 Antike Weisheit, S. 34. 4 Lichtenberg, Gedanken, Satiren, Fragmente, S. 52. 5 Demokrit, S. 53. 6 Ebner-Eschenbach, S. 27.
205 1 Claudius, S. 310. 2 Villers, S. 123. 3 Altenberg, Diogenes in Wien 1, S. 37 (Wie ich es sehe). 4 Busch, S. 875. 5 Nietzsche, Menschliches, Allzumenschliches 1, S. 76. 6 Demokrit, S. 103. 7 Die Bibel (Spr. 13,11).
206 1 Lob des Brotes, S. 8. 2 Maeterlinck, Von der inneren Schönheit, S. 100. 3 Demokrit, S. 89. 4 Friedell, Kultur ist Reichtum an Problemen, S. 44. 5 Seneca, VgL, Schriften, S. 134 (Aus den Briefen an Lucilius). 6 Epikur, S. 168.
207 1 Boethius, S. 69. 2 Schopenhauer, Aphorismen, S. 56. 3 Lob des Brotes, S. 9. 4 Epikur, S. 161. 5 Schopenhauer, Aphorismen, S. 202.
208 1 Canetti, S. 38. 2 Goethe, Werke 7, S. 566 (Maximen und Reflexionen). 3 Zweig, S. 21. 4 Ebner-Eschenbach, S. 35. 5 Deutsche Aphorismen, S. 21. 6 Villers, S. 96. 7 Burckhardt, Größe, Glück und Unglück, S. 57.
209 1 Goethe, Werke 7, S. 535 (Maximen und Reflexionen). 2 Lichtenberg, Gedanken, Satiren, Fragmente, S, 23.

3 Friedell, Kulturgeschichte der Neuzeit, S. 500. 4 Rückert, S. 196.

210 1 Weisheit des Islam, S. 68. 2 Hauptmann, Werke 6, S. 1028. 3 Schiller, Werke/Briefe, S. 707 (Xenien). 4 Die deutschen Sprichwörter, Nr. 12022a. 5 Kafka, Nachlaß II, S. 64. 6 Goethe, Werke 4, S. 175 (Faust I).

X

Die Weisheit ersetzt die Schätze

211 1 Demokrit, S. 65. 2 Canetti, S. 256. 3 Brecht, Stücke, S. 261 (Die Maßnahme). 4 Dostojewskij, S. 31 f.

212 1 Schiller, Werke 1, S. 263. 2 Lao-tse, S. 100. 3 Brecht, Me-ti, S. 31. 4 Varnhagen, S. 73. 5 Hebbel, Werke II/9, S. 195 (Tagebücher). 6 Grillparzer, Werke II/1, S. 247 (Tagebücher).

213 1 Claudius, S. 294. 2 Goethe, Werke 7, S. 290 (Wilhelm Meisters Wanderjahre). 3 Kraus, S. 237. 4 Nietzsche, Menschliches, Allzumenschliches 2, S. 96. 5 Heine, Sämtliche Schriften 11, S. 625 (Aufzeichnungen). 6 Die Vorsokratiker, S. 255.

214 1 Seneca, VgL, Schriften, S. 157 (Aus den Briefen an Lucilius). 2 Novalis, Werke, S. 445 (Blüthenstaub). 3 Ebner-Eschenbach, S. 8. 4 Die Bibel (Spr. 12,23). 5 Busch, S. 878. 6 Schopenhauer, Aphorismen, S. 128. 7 Die Bibel (Spr. 16,16).

215 1 Marc Aurel, S. 28. 2 Schiller, Werke/Briefe, S. 565. 3 Busch, S. 882. 4 Grillparzer, Werke II/10, S. 253 (Tagebücher).

216 1 Hebbel, Werke II/9, S. 303 (Tagebücher). 2 Kraus, S. 279. 3 Wieland, Aristipp, S. 65. 4 Morgenstern, S. 98. 5 Polgar, S. 57. 6 Raabe, S. 998. 7 Kraus, S. 338.

217 1 Hebbel, Werke II/9, S. 209 (Tagebücher). 2 Nietzsche, Jenseits von Gut und Böse, S. 77. 3 Hebbel, Werke II/9, S. 495 (Tagebücher). 4 Stifter, Werke 2, S. 187 (Brigitta). 5 Marc Aurel, S. 47.

218 1 Grabbe, S. 69. 2 Hebbel, Werke II/10, S. 149 (Tagebücher). 3 Reclams Zitatenlexikon, S. 379. 4 Lao-tse,

S. 26. 5 Schiller, Werke 1, S. 266. 6 Fontane, Sämtliche Werke 11, S. 113.

219 1 Morgenstern, S. 82. 2 Goethe, Werke 1, S. 242 (Vier Jahreszeiten). 3 Brecht, Stücke, S. 86 (Im Dickicht der Städte). 4 Hebbel, Werke II/9, S. 485 (Tagebücher).

220 1 Claudius, S. 292. 2 Hoffmann, Die Elexiere des Teufels, S. 237. 3 Kraus, S. 236. 4 Hauptmann, Werke 4, S. 1033. 5 Schiller, Werke 1, S. 271. 6 Ebner-Eschenbach, S. 12.

221 1 Nietzsche, Menschliches, Allzumenschliches 2, S. 205. 2 Lichtenberg, Schriften und Briefe 1, S. 718. 3 Hebbel, Werke II/9, S. 462 (Tagebücher). 4 Nietzsche, Menschliches, Allzumenschliches 1, S. 218. 5 Seume, Werke, S. 21. 6 Lichtenberg, Schriften und Briefe 1, S. 390.

222 1 Raabe, S. 997. 2 Goethe, Werke 7, S. 561 (Maximen und Reflexionen). 3 Villers, S. 62. 4 Montaigne, S. 309.

223 1 Reclams Zitatenlexikon, S. 65. 2 Lichtenberg, Schriften und Briefe 1, S. 291. 3 Kafka, Briefe, S. 27. 4 Goethe, Werke 7, S. 518 (Maximen und Reflexionen). 5 Deutsche Aphorismen, S. 115.

224 1 Lichtenberg, Schriften und Briefe 1, S. 291. 2 Pascal, S. 383. 3 Goethe, Werke 1, S. 244 (Vier Jahreszeiten). 4 Lichtenberg, Gedanken, Satiren, Fragmente, S. 93.

225 1 Hebbel, Werke II/10, S. 91 (Tagebücher). 2 Ebner-Eschenbach, S. 3. 3 Montaigne, S. 107. 4 Lichtenberg, Schriften und Briefe 1, S. 275. 5 Fontane, Werke, S. 315 (Sprüche).

226 1 Stifter, Werke 3, S. 317 (Die drei Schmiede ihres Schicksals). 2 Friedell, Kulturgeschichte der Neuzeit, S. 11. 3 Hebbel, Werke II/9, S. 102 (Tagebücher). 4 La Rochefoucauld, S. 17. 5 Raabe, S. 985. 6 Montaigne, S. 238.

227 1 Busch, S. 873. 2 Canetti, S. 280. 3 Maeterlinck, Das Leben der Bienen, S. 154. 4 Demokrit, S. 121. 5 Busch, S. 876.

228 1 Burckhardt, Größe, Glück und Unglück, S. 45.

2 Kafka, Nachlaß III, S. 52. 3 Montaigne, S. 105. 4 Villers, S. 70. 5 Deutsche Aphorismen, S. 20.

229 1 Friedell, Kultur ist Reichtum an Problemen, S. 100. 2 Villers, S. 68. 3 Grillparzer, Werke I/12, S. 290 (Sprüche und Epigramme). 4 Börne, Sämtliche Schriften 2, S. 323. 5 Hebbel, Werke II/9, S. 319 (Tagebücher). 6 Morgenstern, S. 306.

230 1 Lichtenberg, Schriften und Briefe 1, S. 353. 2 Ebner-Eschenbach, S. 13. 3 Lao-tse, S. 25. 4 Seneca, VgL, Schriften, S. 158 f. (Aus den Briefen an Lucilius). 5 Morgenstern, S. 237.

231 1 Kafka, Nachlaß III, S. 58. 2 Gracián, S. 98. 3 Lao-tse, S. 57. 4 Nietzsche, Menschliches, Allzumenschliches 2, S. 328.

232 1 Seneca, VgL, Schriften, S. 116 (Von der Kürze des Lebens). 2 Epikur, S. 108. 3 Cicero zum Vergnügen, S. 153. 4 La Rochefoucauld, S. 5. 5 Gracián, S. 7 f.

233 1 Nietzsche, Menschliches, Allzumenschliches 1, S. 317. 2 Fontane, Briefe P 1, S. 210. 3 Seneca, VgL, Schriften, S. 137 (Aus den Briefen an Lucilius). 4 Jean Paul, Ideen-Gewimmel, S. 231. 5 Boethius, S. 66.

234 1 Marc Aurel, S. 28. 2 Raabe, S. 984. 3 Die Vorsokratiker, S. 273. 4 Maeterlinck, S. 125. 5 Seneca-Brevier, S. 167 f.

235 1 Schiller, Werke/Briefe, S. 694 (Xenien). 2 Lichtenberg, Gedanken, Satiren, Fragmente, S. 104. 3 Storm, Gedichte, S. 80 f. 4 Altenberg, Diogenes in Wien 1, S. 133.

236 1 Schopenhauer, Aphorismen, S. 207. 2 Marc Aurel, S. 28. 3 Friedell, Kultur ist Reichtum an Problemen, S. 108. 4 Maeterlinck, Von der inneren Schönheit, S. 114. 5 Jean Paul, Ideen-Gewimmel, S. 230.

237 1 Pascal, S. 94. 2 Demokrit, S. 37. 3 Seneca-Brevier, S. 181. 4 Tieck, S. 199. 5 Seume, Spaziergang nach Syrakus, S. XI. 6 Busch, S. 881.

238 1 Die deutschen Sprichwörter, Nr. 10373. 2 Canetti, S. 119. 3 Deutsche Aphorismen, S. 113. 4 Jean Paul, Ideen-Gewimmel, S. 233. 5 Marc Aurel, S. 57. 6 Hebbel, Werke I, S. 121.

239 1 Maeterlinck, Von der inneren Schönheit, S. 80. 2 Raabe, S. 984. 3 Seneca-Brevier, S. 181. 4 Goethe, Werke 7, S. 536 (Maximen und Reflexionen). 5 Pascal, S. 103. 6 Antike Weisheit, S. 103.

240 1 Raabe, S. 994. 2 Marc Aurel, S. 47. 3 Fontane zum Vergnügen, S. 146. 4 Marc Aurel, S. 53.

Klassische Nachsätze

241 1 Seneca-Brevier, S. 149. 2 Goethe, Werke 7, S. 512 (Maximen und Reflexionen). 3 Schiller, Werke/Briefe, S. 606 (Xenien). 4 Goethe, Werke 7, S. 517 (Maximen und Reflexionen). 5 Nietzsche, Menschliches, Allzumenschliches 2, S. 76f.

242 1 Canetti, S. 53. 2 Doderer, Die Dämonen, S. 81. 3 Altenberg, Diogenes in Wien 1, S. 129.

Abschied an den Leser

243 1 Lessing, Werke 1, S. 66. 2 Schnitzler, S. 133.

Der Verlag Philipp Reclam jun. dankt für die Nachdruckgenehmigungen den Rechteinhabern, die durch den Textnachweis und einen folgenden Genehmigungs- oder Copyrightvermerk bezeichnet sind. Für einige Autoren waren die Inhaber der Rechte nicht festzustellen. Hier ist der Verlag bereit, nach Anforderung rechtmäßige Ansprüche abzugelten.

Anthologien

Auswahl

Berlin, mit deinen frechen Feuern. 100 Berlin-Gedichte. 144 S. UB 9640

Die Berliner Moderne. 1885–1914. 722 S. UB 8359 – auch geb.

Blumen auf den Weg gestreut. Gedichte. 308 S. Geb.

Deutsche Anekdoten. 400 S. UB 9825

Deutsche Aphorismen. 395 S. UB 9889 – auch geb.

Deutsche Balladen. 647 S. UB 8501 – auch geb.

Deutsche Gedichte. 368 S. UB 8012 – auch geb.

Deutsche Liebeslyrik. 429 S. UB 7759 – auch geb.

Deutsche Lyrik-Parodien aus drei Jahrhunderten. 335 S. UB 7975

Deutsche Parabeln. 308 S. UB 7761

Die deutschen Sprichwörter. 631 S. UB 8453 – auch geb.

Deutsche Unsinnspoesie. 447 S. 117 Abb. UB 9890

Erzählte Zeit. 50 deutsche Kurzgeschichten der Gegenwart. 517 S. UB 9996

Fünfzig Liebesgedichte. 101 S. UB 18008

Gedanken für alle Tage. 136 S. UB 18009

Gedichte der Romantik. 532 S. UB 8230

Gedichte des Expressionismus. 261 S. UB 8726

Großstadtlyrik. 413 S. UB 9639

Jahrhundertchronik. Deutsche Erzählungen des 20. Jahrhunderts. 635 S. Geb.

Jahrhundertgedächtnis. Deutsche Lyrik im 20. Jahrhundert. 469 S. UB 9742 – auch geb.

»Komm, heilige Melancholie«. Eine Anthologie deutscher Melancholie-Gedichte. 592 S. 36 Abb. UB 7984

Lyrik der neunziger Jahre. 218 S. UB 18048

Lyrik des Exils. 511 S. UB 8089

Lyrik für Leser. Deutsche Gedichte der siebziger Jahre. 159 S. UB 9976

Manege frei! Zirkusgeschichten. 374 S. UB 8955

Mystische Texte des Mittelalters. 405 S. UB 8456

Prager deutsche Erzählungen. 498 S. UB 8771

Ring frei! Ein Lesebuch vom Boxen. 240 S. UB 9642

Weisheit für alle Tage. 151 S. UB 9666

Zauberei im Herbste. Deutsche Kunstmärchen von Wieland bis Hofmannsthal. 678 S. UB 8440

Philipp Reclam jun. Stuttgart